VIETNAMESISCHE

KÜCHE

W0338274

VIETNAMESISCHE

KÜCHE

100 VERLOCKENDE REZEPTE AUS INDOCHINA

PAULETTE DO VAN

KÖNEMANN

Copyright © 1993 Quintet Publishing Limited

All rights reserved. No part of this publication may be reproduced, stored in a retrieval system, or transmitted in any form or by any means, electronic, mechanical, photocopying, recording or otherwise, without the permission of the copyright holder.

This book was designed and produced by
Quintet Publishing Limited
6 Blundell Street
London N7 9BH

Creative Director: Richard Dewing
Designer: Stuart Walden
Project Editor: Stefanie Foster
Editor: Diana Vowles
Photographer: Trevor Wood
Home Economist: Judith Kelsey
Location Photography: Liz Berryman

Original title: Vietnamese Cooking

© 1996 für die deutsche Ausgabe
Könemann Verlagsgesellschaft mbH
Bonner Str. 126, D-50968 Köln
Redaktion der deutschen Ausgabe:
AMS Autoren- und Medienservice, Reute
Satz: AMS / Barbara Herrmann, Freiburg i. Br.
Übersetzung aus dem Englischen: Andrea Busch, Groß-Zimmern
Druck und Bindung: Sing Cheong Printing Co., Ltd.
Printed in Hong Kong
ISBN 3-89508-171-X

INHALT

EINFÜHRUNG

Vietnam ist ein wunderschönes Land, von Nord nach Süd 1650 km lang und an seiner engsten Stelle 45 km breit. Es wird im Norden von China, im Westen von Laos und Kambodscha und im Süden und Osten vom Golf von Thailand und dem Südchinesischen Meer begrenzt. Es wurde abwechselnd von den Chinesen und den Franzosen regiert und trieb Handel mit Portugiesen und Indern. Diese vier Kulturen haben in der vietnamesischen Küche ihre Spuren hinterlassen – einer einzigartigen Küche, die natürlich auch von der langen Küste und den vielen Flüssen mitbestimmt wird, die das Land durchziehen.

Vietnam gliedert sich in drei Regionen. Im Norden, um die Hauptstadt Hanoi, ist das Essen einfacher als in der mittleren Region, wo man noch auf die Pracht der alten Hauptstadt Hue stolz ist. Im Süden, vor allem in Ho-Chi-Minh-Stadt, dem ehemaligen Saigon, wird die Kochkunst noch mehr kultiviert. Saigon war früher einmal als das „Paris des Ostens" bekannt.

Aus China haben die Vietnamesen ihre Vorliebe für Nudeln und die Art zu kochen, die sehr gesunden Methoden des Pfannenrührens (unter Rühren braten). Die Soyasoße haben sie allerdings nicht übernommen, sondern ihr eigenes Gegenstück geschaffen, die allgegenwärtige Nuoc Mam (Fischsoße), die von großen Köchen und Dichtern als „eßbares Parfüm" beschrieben wurde. Nuoc Mam wird aus fermentiertem Fisch hergestellt und riecht entsprechend. Je weiter man nach Norden kommt, um so beißender wird der Geruch, aber wenn man die Soße an ein Gericht gibt, wird tatsächlich eßbares Parfüm daraus.

Die Küche von Laos, Kambodscha und Thailand hatte

UNTEN
Der Tourismus faßt in Vietnam Fuß. Zu den vielen Attraktionen gehören die wunderschönen Küstendörfer.

OBEN
Die verbotene Stadt innerhalb der Zitadelle von Hue. Hue ist die alte Hauptstadt von Vietnam im Zentrum des Landes.

UNTEN
Französisches Weißbrot ist ein Überbleibsel aus der Kolonialzeit. Es ist beliebt zum Auftunken von Soßen und Bratensaft.

OBEN
Ein Cao dai-Tempel. Das Auge ist das Wahrzeichen der Sekte.

Einfluß auf die Kräuter, die in Vietnam verwendet werden. Kein vietnamesisches Essen ist vollständig ohne zwei oder drei Sorten frische Kräuter – als Dekoration oder als eigenständiger Bestandteil eines Gerichts. Vietnamesen wickeln ihr Essen gerne in frische Salatblätter ein, wobei ein oder zwei Kräuter ins Päckchen gehören. Am beliebtesten sind Koriander, Minze, Basilikum, Dill und Fenchel. Inder und Portugiesen brachten Gewürze nach Vietnam, und so entstanden die Kombinationen, die im Westen als Currys bekannt sind. Die französischen Kolonialherren zwangen die Vietnamesen zu Einfallsreichtum – unter ihrer Herrschaft mußten die Bauern phantasievolle Gerichte aus den Fleischresten der Tiere zubereiten, die von den europäischen Herren verschmäht wurden. Es scheint fast wie Ironie, daß heute in Frankreich für einige dieser Gerichte wie gedämpfte oder geschmorte Hühnerfüße hohe Preise verlangt werden. Die Vietnamesen verwendeten Karamel und Glasuren zur Konservierung und um einen unverwechselbaren Geschmack zu erzeugen. Von den Franzosen übernahmen sie Kaffee und Weißbrot. Bei uns zu Hause wurde französisches Weißbrot am Tisch in Stücke gebrochen und herumgereicht, um damit Soßen und Sud aufzutunken. Diese Gewohnheit hält sich in Vietnam bis heute.

Hinweis Bei verschiedenen vegetarischen Rezepten in diesem Buch wird Nuoc Mam Soße (Fischsoße) verwendet.

Utensilien

Wenn Sie vietnamesisch kochen wollen, werden Sie einige der folgenden Küchenutensilien sicher sehr hilfreich finden. Sie sind zwar nicht unbedingt erforderlich, da man vietnamesisches Essen auch mit ganz gewöhnlichen westlichen Geräten zubereiten kann, aber sie erleichtern die Arbeit.

Wok Als erstes benötigen Sie einen Wok. Das ist eine dünne, runde Pfanne, die traditionell in Ostasien, vor allem in China, verwendet wird. Mittlerweile kommt sie auch in westlichen Restaurants zu Ehren.

Die ersten Woks wurden aus gehärtetem Stahl geschlagen, um die Hitze rasch und effizient nutzen zu können. Sie stammten aus China, wo Holz und Brennstoff hoch im Kurs stehen. Um sie noch effizienter zu machen, wurde ihre Form den chinesischen Kohlepfannen angepaßt. Für die Chinesen und andere Völker Ostasiens – auch für die Vietnamesen – ist der Wok ein Universalkochgerät, mit dem sie braten, unter Rühren braten (pfannenrühren), fritieren, kochen, schmoren und dämpfen.

Woks gibt es in unterschiedlichen Größen und aus verschiedenen Materialien. Für einen durchschnittlichen westlichen Haushalt ist ein Wok mit 35 cm Durchmesser ideal. Man erhält ihn aus Gußeisen, gehärtetem Stahl, Edelstahl und mit einer Antihaftbeschichtung. Für den High-Tech-Koch läßt sich sicher auch ein elektrischer Wok aus Gußeisen mit Antihaftbeschichtung auftreiben.

Woks sind häufig in großen Kaufhäusern oder Supermärkten als Set erhältlich. Dazu gehören ein Gestell, ein Deckel, ein Dämpftopfständer und viele kleine Accessoires. Achten Sie darauf, daß der Wok einen guten, fest schließenden Deckel hat. Er sollte nach Möglichkeit weder aus Gußeisen noch aus gehärtetem Stahl sein, weil er sonst sehr schwer ist und rostet. Besser ist das billigere Aluminium oder, wenn Sie möchten, Edelstahl.

Manche Woks haben zwei Griffe (meist aus demselben Material wie der Wok), andere haben einen Stiel aus Holz. Wenn Sie kräftige Handgelenke haben, ist die Anschaffung eines Woks mit Stiel sicher günstiger. Haben Sie aber Bedenken, einhändig mit einer schweren Pfanne zu hantieren, sollten Sie sich für ein Modell mit zwei Handgriffen entscheiden.

Gußeisen oder gehärteter Stahl sind die traditionellen Materialien des Woks. Obwohl diese Woks aus dünnem Metall hergestellt sind, haben sie ein beachtliches Gewicht und müssen sorgfältig gepflegt werden, damit sie nicht rosten. Dazu werden sie leicht mit geöltem Küchenpapier eingerieben und an einem trockenen Platz aufbewahrt. Woks werden mit einem Wachsüberzug geliefert, den man durch kräftiges

RECHTS
Links: Wok mit zwei Holzgriffen und Wokbürste; rechts: Wok mit Stiel auf einem Wokständer mit langstieligem Metallsieb und kleinerem Schaumlöffel; unten: lange Holzstäbchen zum Kochen auf einer Stäbchenbank und weiche Bürste zum Reinigen des Woks.

Abschrubben in Spülwasser leicht entfernen kann. Danach mit klarem Wasser spülen, gut abtrocknen und auf hoher Flamme so stark erhitzen, daß er zu rauchen beginnt. Etwas Öl hineingeben und schwenken, damit auch der Rand geölt wird. Wiederholen Sie die Prozedur mehrmals und reiben Sie die Außenseite mit geöltem, saugfähigem Küchenpapier ab. Lassen Sie Ihren Wok abkühlen; er ist jetzt „eingeölt".

Vietnamesen spülen ihre Woks nur sehr selten; reiben Sie Ihren also einfach mit saugfähigem Küchenpapier aus. Wenn Sie den Wok scheuern wollen, tun Sie das mit Salz. Ist die Oberfläche dann zu Ihrer Zufriedenheit gereinigt, wischen Sie mit geöltem, saugfähigem Küchenpapier nach. Ich kann mich gut daran erinnern, wie mein Vater schimpfte und drohend sein Küchenbeil schwang, wenn wir es wagten, seine Woks ohne seine Erlaubnis ins Spülwasser zu legen.

Wenn Sie Ihren Wok mit Spülmittel reinigen, sollten Sie ihn danach erneut einölen. Die beste Art, einen Wok in gutem Zustand zu halten, ist die vietnamesische: hängen Sie ihn einfach an einem trockenen, gut belüfteten Platz auf.

Woks aus Edelstahl rosten nicht und sind leichter sauberzuhalten. Sie sind jedoch schwer erhältlich und leiten außerdem die Hitze nicht so gut wie ein traditioneller Wok. Einige sind am Boden etwas abgeflacht und daher für Elektroherde besser geeignet. Sie können sie, so oft Sie wollen, im Spülwasser reinigen, ohne nachölen zu müssen. (Wenn Sie auf dem Elektroherd einen gewöhnlichen oder einen Gartenwok benutzen wollen, können Sie einen Aufsatzring für die Herdplatte kaufen, auf den der Wok dann genau paßt.)

Einen Wok mit Antihaftbeschichtung brauchen Sie nicht zu ölen; Spülmittel macht ihm nichts aus. Wie bei allen beschichteten Töpfen und Pfannen sollten keine Kochutensilien aus Metall verwendet werden. Hat die Beschichtung erst einmal Kratzer, ist sie so gut wie nutzlos, und der Wok ist genauso zu behandeln wie ein gewöhnlicher.

Der elektrische Wok ist die neueste High-Tech-Erfindung auf diesem Gebiet und hat meist eine beschichtete Oberfläche. Der elektrische Wok ist eine Kombination von Kocher und Kochtopf, kann auch als Servierschüssel benutzt werden und ist damit fast eine Miniküche.

Zubehör Wenn Sie Ihren Wok in einem Spezialgeschäft kaufen (z. B. in einem vietnamesischen Supermarkt) statt in einem Kaufhaus, in dem komplette Sets angeboten werden, möchten Sie möglicherweise noch etwas Zubehör erwerben.

Damit Sie den Wok auf einem modernen Herd benutzen können, werden Sie vermutlich einen Wokständer brauchen. Das ist besonders praktisch, wenn Sie den Wok auch zum Dämpfen und Fritieren verwenden. Beim Pfannenrühren (unter Rühren braten) können Sie auf den Ständer ver-

LINKS:
Oben: Unterteil und Deckel eines Metalldämpftopfes; unten: Bambusdämpftopf mit Deckel und verzierten hölzernen Kochstäbchen.

zichten, da alles sehr schnell gehen muß und rasche Temperaturunterschiede sehr wichtig sind.

Eine Wokbürste sollten Sie auf jeden Fall besitzen. Sie wird aus Holz oder Bambus hergestellt und dient der Reinigung des Woks nach Gebrauch. Die Wokbürste wirkt wie eine Scheuerbürste; allerdings greift sie die Schicht nicht an, die durch das Ölen des Wok entsteht.

Bambusdämpftöpfe sind ebenfalls eine sinnvolle Anschaffung; erwerben Sie auch gleich einen hölzernen Dreifuß. Bambusdämpftöpfe haben den Vorteil, daß man durch Aufeinanderschichten verschiedene Speisen gleichzeitig zubereiten kann. Sie eignen sich auch gut zum Aufwärmen der Reste.

Ein Bambussieblöffel besteht aus einem verstärkten Drahtgeflecht mit Holzgriff. Er wird zum Herausheben der Zutaten aus kochender Brühe oder siedendem Öl und zum Abtropfen verwendet. Mit dem Bratwender dreht und wendet man die Zutaten im Wok, die unter Rühren gebraten werden. Der chinesische Bratwender eignet sich dazu meist besser als ein europäischer Pfannenwender.

Vielleicht möchten Sie auch ein Küchenbeil anschaffen. Es gibt sie klein, mittel und groß. Küchenbeile haben einen Holzgriff und eine Klinge aus gehärtetem Stahl oder Edelstahl, wobei Edelstahl weniger hart ist und nicht so lange scharf bleibt. Für Beile gilt in der vietnamesischen Küche der Grundsatz: „Je schärfer, desto besser." Scharfe Messer sind lange nicht so gefährlich wie stumpfe, die leicht abrutschen und Koch oder Köchin eine wesentlich größere Kraftanstrengung abverlangen.

Wenn Sie mit dem Küchenbeil arbeiten wollen, benötigen Sie ein Hackbrett. In Vietnam verwendet man mit Vorliebe Hackbretter aus Hartholz, das quer zur Wuchsrichtung geschnitten wird. Sie sind etwa 38 x 38 cm groß und 15 cm dick. Solche Bretter bzw. Blöcke sind hierzulande nur schwer erhältlich; vielleicht können Sie in einem Baumarkt oder Supermarkt einen Holzblock kaufen. Sollten Sie das Gewünschte auch dort nicht finden, nehmen Sie das dickste Kunststoffschneidebrett, das Sie bekommen können.

Um ein hölzernes Hackbrett haltbar zu machen, streichen Sie die Oberfläche mit 100 ml Öl ein, decken das Brett mit Aluminiumfolie ab und lassen es einige Tage ruhen. Danach wiederholen Sie die Prozedur mit der anderen Seite. Wenn das Brett so vorbereitet ist, spülen Sie es mit Wasser und wenig Spülmittel ab und trocknen es sehr gründlich. Ein hölzernes Hackbrett bietet Ihnen eine solide Unterlage und ist so schwer, daß es beim Arbeiten nicht wegrutscht. Wenn Sie es gut behandeln, wird es Sie Ihr ganzes Leben begleiten.

RECHTS
Oben: Schöpflöffel aus Metall. Von links nach rechts: Bambussieblöffel, Schaumlöffel, Bratwender, Glasierbürste, großer Bratwender, Schneebesen.

LINKS
Küchenbeile können zum Zerkleinern fast aller Zutaten verwendet werden, wenn man die richtige Technik beherrscht. Den Griff fest in die Hand nehmen, so daß der Zeigefinger von einer Seite gegen die Klinge drückt und der Daumen von der anderen Seite dagegenhält.

Vom Umgang mit dem Küchenbeil

Bevor Sie sich an die Arbeit machen, sollten Sie zwei Dinge wissen. Das erste ist, wie Sie das Beil scharf halten. Sie brauchen einen kleinen Wetzstein mit einer rauhen und einer glatten Seite. Die rauhe Seite wird für stumpfe und ausgefranste Kanten verwendet; mit der glatten erhält man gut geschärfte Klingen in ihrem Zustand.

Zuerst das Küchenbeil abspülen und trocknen. Ein paar Tropfen Öl oder Wasser auf den Stein träufeln. Das Beil mit der scharfen Seite vom Körper weghalten, so daß die Klinge fast waagerecht liegt. Über den Stein ziehen, indem man mit den Fingern der linken Hand (bei Rechtshändern) leicht auf die Oberfläche drückt. Mehrmals hin- und zurückziehen, ohne die Klinge anzuheben. Danach wenden und das Ganze wiederholen. Das Beil anschließend abspülen, um eventuelle Metallspäne zu entfernen, dann mehrmals über die glatte Seite des Steins ziehen, um die Klinge zu polieren.

Außerdem müssen Sie wissen, wie man richtig mit dem Beil umgeht. Da gibt es drei Möglichkeiten, für unterschiedliche Zwecke. Zum Grobhacken schließen Sie die Finger fest um den Griff, so daß der Daumen an der Seite der Klinge liegt. Hacken Sie mit entschlossenen Bewegungen und setzen Sie dabei ihren ganzen Arm ein.

Um Hackfleisch herzustellen, bedienen Sie sich am besten einer verbreiteten vietnamesischen Technik: umfassen Sie den Griff mit allen fünf Fingern. Verwenden Sie die Vorderkante der Klinge als Drehpunkt und heben und senken Sie die Klinge. Lassen Sie das Gewicht des Beils die ganze Arbeit machen.
Mit dieser Technik können Sie sehr schnell hacken. Noch schneller geht es, wenn Sie mit zwei Küchenbeilen arbeiten, die abwechselnd gehoben und gesenkt werden, aber das erfordert einige Übung.

Schließlich gibt es noch den Schneidegriff. Halten Sie das Beil wie beim Grobhacken, aber legen Sie den Zeigefinger nicht um den Griff, sondern drücken Sie ihn gegen die Klinge. Der Daumen drückt von der anderen Seite gegen die Klinge, so daß Sie das Beil optimal unter Kontrolle haben. Sie können es nun in jede beliebige Richtung drehen und wenden. In der vietnamesischen Küche werden alle Nahrungsmittel in gleich große Stücke geschnitten. Der Grund dafür ist einleuchtend: kleine Stücke werden schneller gar und bleiben knackig, und sie nehmen auch das Aroma des Öls und der Gewürze trotz der kurzen Kochzeit besser an.

Schneidetechniken

In der vietnamesischen Küche wird Wert darauf gelegt, daß die Zutaten nach Möglichkeit ihre natürliche Form behalten. Blumenkohl und Brokkoli werden zum Beispiel in Röschen geteilt. Andere Gemüse werden in Scheiben geschnitten, gehobelt, in Würfel oder Streifen geschnitten. Das hängt von der Garmethode ab. Gemüse, die unter Rühren gebraten werden, sollten so dünn wie möglich geschnitten werden; zum Schmoren kann man größere Stücke schneiden. Hinter dieser ausgefeilten Kochtechnik steht die Theorie, daß auf diese Weise die Oberfläche der Zutaten bei der Zubereitung mit kurzer, starker Hitze größer ist, während bei längerer Kochzeit eine kleinere Oberfläche schneller versiegelt wird und somit das Aroma länger bewahrt.

Die Schneidetechniken der vietnamesischen Küche unterscheiden sich vermutlich von denen, mit denen Sie vertraut sind. Beim Schneiden von Geflügel werden z. B. zuerst die Flügel entfernt. Dabei gibt es einen einfachen Trick: spreizen Sie sie ab, bis der Flügelansatz am Körper gut sichtbar ist, und schneiden Sie an der Verbindungsstelle durch. Das gilt auch für die Schenkel. Flügel werden gewöhnlich quer in drei Stücke gehackt, während man Schenkel in fünf Stücke unterteilt, wobei die Gelenke ganz bleiben. Das liegt zum Teil daran, daß man in Asien und im Orient den knusprigen Knorpel schätzt. Ein weiterer Grund ist, daß sich die Stücke auf diese Art besser aneinanderreihen lassen und das fertige Produkt besser aussieht.

Das Geflügel wird dann auf die Seite gedreht, und mit einem oder mehreren Schlägen trennt man Brustbein und Rückgrat durch. Die Brust wird mit den Knochen nach unten auf das Brett gelegt, längs durchgehackt und getrennt. Jede Hälfte wird quer in drei Stücke geschnitten. Genauso verfährt man mit dem Rücken. Um das Geflügel wieder zusammenzusetzen, gehen Sie in umgekehrter Reihenfolge vor. Das bedeutet: legen Sie zuerst das Rückgrat hin, dann die Brust und schließlich Schenkel, Unterschenkel und Flügel.

Vietnamesen benutzen das Küchenbeil auch zum Feinhacken. Wenn Sie diese Technik beherrschen, werden Sie feststellen, daß mit der Hand feingehacktes Fleisch anders

Geflügel vorbereiten

1
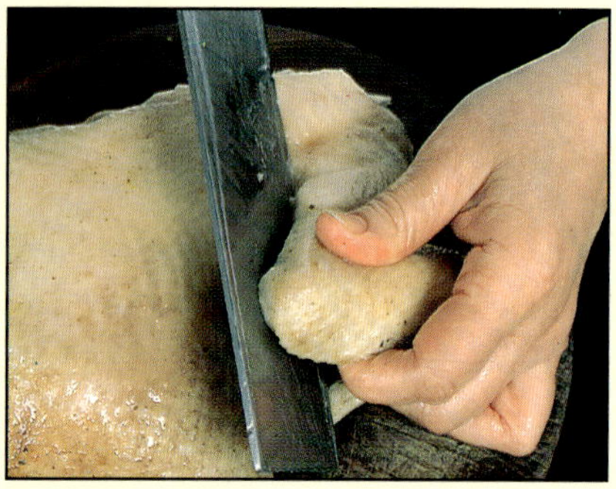

2
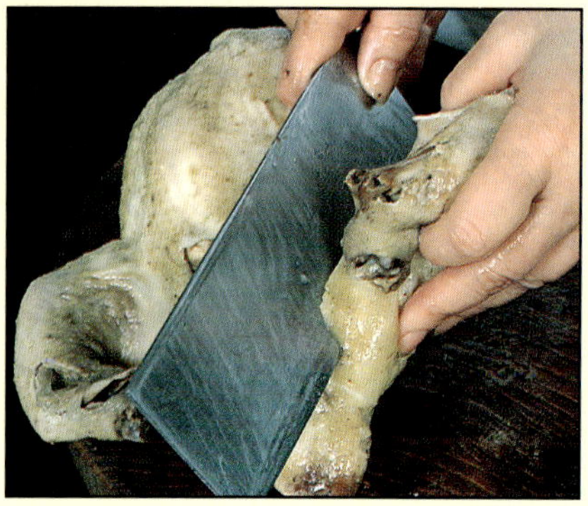

3
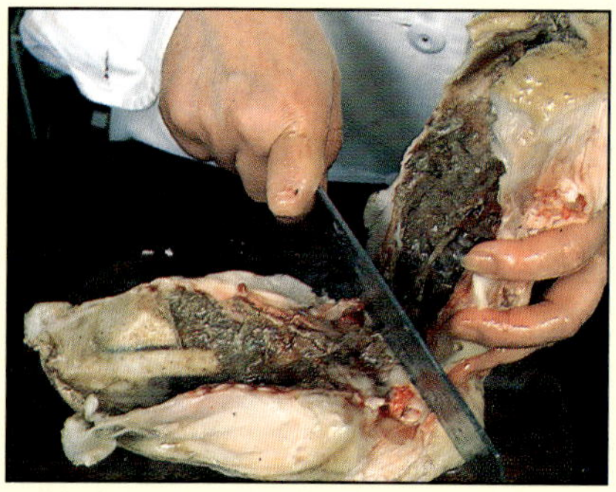

4

1 Flügel vom Körper abspreizen und durch das Gelenk schneiden, das Flügel und Körper miteinander verbindet.

2 Mit Schenkel und Unterschenkel genauso verfahren: vom Körper abspreizen und durch das Gelenk schneiden.

3 Den Körper mit dem Hinterteil nach oben halten und mit festem, vorsichtigem Schnitt das Rückgrat abtrennen.

4 Bruststücke mit Knochen quer in Stücke schneiden.

schmeckt als Fleisch, das durch den Fleischwolf gedreht wurde. Das gilt übrigens auch für Gemüse.

Um Fleisch, Geflügel oder Meeresfrüchte feinzuhacken, schneiden Sie es in grobe Stücke und türmen die Stücke aufeinander. Zum Feinhacken die Spitze des nassen Beils als Drehpunkt verwenden und mit kurzen und schnellen, festen Bewegungen hacken. Von einer Seite des Stapels bis zur anderen hacken, Stapel oder Brett um 90° drehen und wieder von einer Seite zur anderen durcharbeiten. Mehrmals wiederholen; dann mit der Klinge unter die Masse fahren, umdrehen und erneut hacken. (Für manche ist es einfacher, das stumpfe Ende des Beils mit der linken Hand festzuhalten und mit der rechten Hand zu hacken.) So lange hacken, bis die Masse eine gleichmäßige Konsistenz hat.

Beim Schneiden sollten Sie die Nahrungsmittel so halten, daß Ihre Fingerspitzen in Sicherheit sind; sie sollten sich nicht weiter hervorwagen als Ihre Knöchel. Die Klinge sollte etwa 5 mm vom Rand geführt werden und direkt abwärts schneiden. Regulieren Sie die Dicke der Scheiben, indem Sie die Finger weiter von der Schneidekante entfernen.

Für die vietnamesische Küche ist es wichtig, möglichst dünne Streifen oder Scheiben zu schneiden, weil der Großteil der Lebensmittel unter Rühren gebraten wird. Fleisch kann man in dünne Scheiben, Stifte oder Würfel schneiden; Rindfleisch wird quer zur Faser etwa 5 mm dick geschnitten. Scheiben aufeinander türmen und in schmale Streifen schneiden – schon haben Sie streichholzdicke Stifte, die fürs Kurzbraten genauso ideal sind wie fürs Dämpfen.

Fleisch läßt sich besser in gleichmäßige Stücke schneiden, wenn es vorher einige Stunden im Kühlschrank gelegen hat; es ist dann fester. (Vietnamesische Köche haben einen sehr hohen Anspruch an die ästhetische Qualität ihrer Speisen.)

Um Gemüse diagonal zu schneiden, sollte es auf der Oberseite mit den Fingern in einem Winkel von 60° festgehalten und entsprechend geschnitten werden. Auch hier dienen die Knöchel wieder als Richtlinie. Die Schneiderichtung ist abwärts. Beim Diagonalschnitt haben die Stücke eine größere Oberfläche; das ist gut für Gerichte, die unter Rühren gebraten werden. Für Schmorgerichte wird das Gemüse diagonal geschnitten, um 90° gedreht und nochmal geschnitten.

Geflügel schneiden, würfeln und in Streifen schneiden

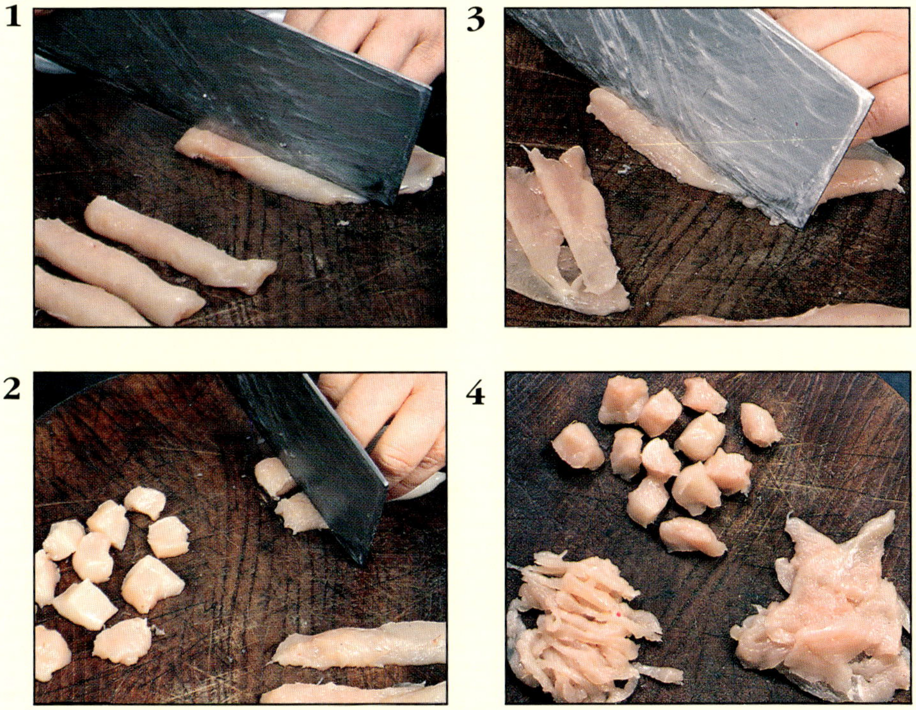

1 Mit einer Hand führen; mit der anderen die Hühnerbrust der Länge nach in Streifen oder, dünner, in feine Stifte schneiden.

2 Streifen quer zu kleinen oder großen Würfeln schneiden.

3 Oder die Klinge schräg halten und die Hühnerbrust der Länge nach in dünne Scheiben schneiden.

4 Oben: Würfel; unten: feine Streifen und dünne Scheiben.

Fleisch vorbereiten

1

3

2
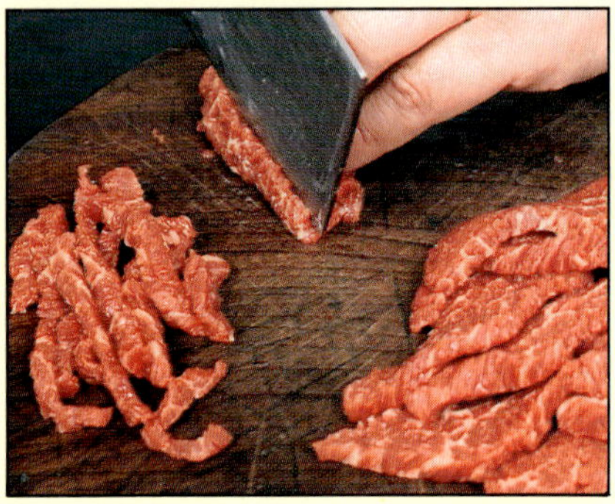

4

1 Mit einer Hand führen: Fleisch quer zur Faser in Scheiben schneiden.

2 Scheiben in Streifen von doppelter Streichholzgröße schneiden.

3 Fleischstreifen in kleine Stücke schneiden, dann feinhacken. Dazwischen immer wieder aufeinandertürmen und umdrehen.

4 Oben: Scheiben; Hackfleisch. Unten: feine Streifen.

Garnierung

Vietnamesen haben einen ausgesprochenen Widerwillen dagegen, etwas zu verwenden, das nur einen einzigen Zweck erfüllt. Die allgegenwärtige Frühlingszwiebel wird zum Beispiel nicht nur zum Würzen, sondern auch zum Garnieren verwendet. Sie wären überrascht zu sehen, auf wieviele verschiedene Arten man eine Frühlingszwiebel schneiden kann. Man kann sie quer in Ringe schneiden, diagonal, der Länge nach oder in feine Streifen. Oder man formt sie zu einer Art Bürste: dazu die weißen Enden der Frühlingszwiebel in 5 cm lange Stücke schneiden. Mit der scharfen Spitze des Küchenbeils von beiden Seiten mehrmals von oben einschneiden. Die Mitte sollte intakt bleiben. In eine Schüssel mit kaltem Wasser oder Eiswasser legen und einige Stunden in den Kühlschrank stellen. Dadurch rollen sich die Enden bürstenförmig ein.

Die Möhre gehört beim Garnieren zu den Lieblingsgemüsen der Vietnamesen. Ich habe meinen Vater oft dabei beobachtet, wie er aus einer gewöhnlichen Möhre eine Vielzahl von Formen schnitzte; für eine Einführung in die vietnamesi-

RECHTS
Diese Möhrenrosen sind nicht leicht herzustellen, aber die Mühe lohnt sich. Sie lassen sich auch zur späteren Verwendung einfrieren.

sche Küche wäre das jedoch ein zu komplexes Thema. Aus einer großen Möhre kann man Vögel genauso schnitzen wie winzige, zarte Blüten. Hier ein einfaches Beispiel, damit Sie sich ein erstes Bild machen können.

Um eine Rose zu schnitzen, brauchen Sie eine Möhre mit 5 cm Durchmesser. Möhre waschen und schälen, ein 5 cm langes Stück abschneiden und auf den Tisch legen. Die Kanten abrunden, damit eine Kugel entsteht, dann die Oberseite diagonal einschneiden, so daß 4 gleichgroße Sektionen entstehen. Aus jeder dieser Sektionen mit einem scharfen Messer ein 5 mm dickes Blütenblatt schnitzen; dabei 8 mm von der Unterseite entfernt aufhören. Um die Innenseite der ersten Blütenblattschicht herumschneiden, damit eine Rille entsteht. Eine zweite Lage Blütenblätter schnitzen; Blütenblätter ähnlich wie bei einer Backsteinmauer versetzt anordnen. So lange fortfahren, bis Sie keine weiteren Blütenblätter mehr schnitzen können. Möhre bis zur Verwendung in Wasser legen.

Links

Garnierungen: Vietnamesen widmen der ästhetischen Qualität der Gerichte genauso viel Aufmerksmakeit wie der Frische der Zutaten; die Präsentation ist ganz besonders wichtig. Hübsch zurechtgeschnittene Gemüse werden nicht nur nach ihren Farben ausgesucht, sondern auch danach, welches Aroma das entsprechende Gericht am besten abrundet.

GEGENÜBER

Eine Familie ißt Reiskuchen im Park.

Sie können die Möhre auch in neun Scheiben von 3 mm Dicke schneiden. Jede Scheibe strahlenförmig einschneiden und zwei bis drei Minuten in Salzwasser einweichen. Trocknen und drei kleine Scheiben so aufeinandertürmen, daß die eingeschnittenen Seiten sich überlappen. Mit einem Zahnstocher fixieren, der als Blütenstempel dient. Die Scheiben um den Zahnstocher anordnen und so eine Rose formen.

Für Chiliblüten schneiden Sie die Chilischote in der Mitte von der Spitze bis 1 cm vom unteren Ende ein. Jede Hälfte dritteln, so daß sechs Blütenblätter entstehen. Mit dem Messer vom Stempel trennen. Jedes Blütenblatt an der oberen Kante mehrmals einritzen und die Chilischoten mindestens zwei Stunden in kaltes Wasser legen. Die Blätter ringeln sich dann nach außen und bilden eine Blüte.

Vielleicht möchten Sie das Verzieren von Gemüse mit einem Ausgangsmaterial probieren, das weniger aggressiv ist (reiben Sie sich auf keinen Fall die Augen, nachdem Sie Chiliblüten gemacht haben!) – z. B. mit einer Salatgurke.

Die Gurke waschen und trocknen und der Länge nach halbieren. Nehmen Sie eine Hälfte und schneiden Sie sie an beiden Enden schräg ab. Mit einem kleinen Messer sechs dünne Einschnitte machen; dabei etwa 8 mm vom unteren Rand aufhören. Die Gurke am siebenten Einschnitt durchschneiden. Jede zweite Scheibe umbiegen und feststecken, so daß drei gerade und drei gerollte Scheiben übrig bleiben. Machen Sie so viele Gurkenröllchen wie Sie möchten – sie lockern ein Gericht unglaublich auf.

Für Orangenräder brauchen Sie zwei Orangen. Die erste Orange auf jeder Seite kreuzweise einschneiden. Mit diesem Kreuz als Richtlinie in jedes Viertel 3 Streifen schneiden. Die Mitte jedes Streifens herauslösen, so daß insgesamt 16 entstehen. Die Orange der Länge nach halbieren und die Hälften in 5 mm dicke Scheiben schneiden. Mit der zweiten Orange wiederholen und beiseite stellen. Auf diese Art lassen sich auch Zwiebeln, Rettiche, Tomaten und andere Gemüse verzieren.

Was ißt man wann?

Ein vietnamesisches Frühstück verrät sowohl französischen als auch chinesischen Einfluß. Häufig beginnt der Tag mit einer Mahlzeit, die aus Suppe oder ähnlichem besteht und mehr an eine Hauptmahlzeit erinnert, so wie das auch in China üblich ist. Andere Vietnamesen frühstücken mit einer Schale Kaffee, einem Croissant oder französischem Weißbrot mit Käse, gebratenem Huhn oder Schinken. Diese Art des Frühstücks wird in Vietnam immer mehr bevorzugt.

Eine weitere warme Mahlzeit ist das Mittagessen, das gewöhnlich zwischen 12 und 14 Uhr eingenommen wird. Hauptbestandteil ist oft eine klare Suppe mit Fleisch oder Shrimps und Gemüse. Dazu wird Reis, unter Rühren gebratenes Gemüse und ein Fisch- oder Fleischgericht serviert. Wie in China werden alle Speisen gleichzeitig aufgetragen, und man nimmt die Suppe wie ein Getränk zwischen Bissen der anderen Gerichte zu sich.

Das Abendessen ähnelt in der Zusammensetzung dem Mittagessen, ist im allgemeinen jedoch üppiger und abwechslungsreicher. Die meisten Vietnamesen erwarten Suppe, Reis, ein Gemüsegericht und mindestens zwei Gerichte mit Fleisch, Geflügel oder Fisch. Als Nachtisch wird frisches Obst gereicht: meistens Wassermelone, Mango, Loganbeeren, Lychees, Jackfrucht, Karambole und Orangen. Ähnlich wie in China schließt eine vietnamesische Mahlzeit nur selten mit Süßspeisen ab.

Vietnamesen essen an einem niedrigen, diwanähnlichen Tisch. Männer sitzen im Schneidersitz, Frauen schlagen beide Beine auf einer Seite unter. Man sitzt auf einer einfachen Strohmatte, und jede Person hat zur rechten eine Schüssel und ein Paar Stäbchen. Wie in Amerika der Ketchup, steht in Vietnam eine Flasche Nuoc Mam Soße auf dem Tisch.

Die Frauen bringen das Essen in großen Schüsseln herein. Die Dame des Hauses nimmt die Reisschüssel und bedient alle Anwesenden mit Reis. Danach bedienen alle sich selbst und nehmen kleine Portionen von den Speisen, auf die sie Appetit haben. Im Gegensatz zum Westen häuft man sich in Vietnam die Schüssel nicht gleich mit der kompletten Mahlzeit voll, sondern nimmt nach und nach von den verschiedenen Gerichten, damit man das individuelle Aroma besser genießen kann. Ein Mundvoll Reis dient als Gaumenreinigung zwischen den Gängen. Wer möchte, kann die Suppe löffeln.

Glossar

Die verschiedenen Einflüsse auf die vietnamesische Küche haben dazu geführt, daß eine große Bandbreite von Zutaten integriert wurde. In diesem Glossar finden Sie die am häufigsten verwendeten und einige ungewöhnliche Zutaten. Sie erhalten sie in asiatischen Lebensmittelgeschäften und einige auch in großen Supermärkten.

Bambussprossen werden in Gläsern und Dosen verkauft und sollten nach dem Öffnen so rasch wie möglich verzehrt werden. Sie halten sich im Kühlschrank bis zu sechs Tagen, wenn das Wasser, in dem sie aufbewahrt werden, jeden Tag gewechselt wird. Etwa zehn Bambusarten haben eßbare Sprossen.

Banh Pho sind kurze, flache, vietnamesische Reisnudeln von etwa 4 mm Breite. Sie werden in kochendem Wasser oder Suppe in wenigen Minuten gar. Sie werden in Suppennudelgerichten verwendet, vor allem in der Hanoisuppe, die in der Umgangssprache Pho genannt wird.

Banh Trang ist das vietnamesische Pendant zum Ravioliteig. Es handelt sich dabei um rundes, halbtransparentes, dünnes, hartes und trockenes Reispapier, das zum Einwickeln von vietnamesischen Frühlingsrollen und gegrilltem Fleisch verwendet wird. Man reicht dazu Salate und Kräuter. Der Teig wird aus feingemahlenem Reismehl, Wasser und Salz hergestellt. Tapiocamehl dient als Bindemittel.

Der Teig läuft durch eine Walze und wird dann danach in Kreise von 16–34 cm Durchmesser geschnitten. Die Teigfladen trocknen auf Bambusmatten in der Sonne, danach sind sie unbegrenzt haltbar. Vor Gebrauch werden die Reispapierblätter entweder mit einem feuchten Tuch bedeckt, bis sie weich sind, oder kurz in warmes Wasser getaucht. Wenn man sie vor dem Braten mit einer Zuckerlösung bestreicht, werden sie sehr knusprig.

Tofu (Sojabohnenquark) wird aus getrockneten Sojabohnen hergestellt, die man einweicht, püriert und mit Wasser kocht. Die milchige Flüssigkeit, die dabei entsteht, wird gefiltert und dann mit einem Gerinnungsmittel oder einem natürlichen Verfestiger versetzt, der die Quarkbildung verursacht. Der eigentliche Tofu entsteht, indem man die Quarkmasse in hölzernen, mit Leinen ausgekleideten Bottichen preßt.

Der Tofu wird dann in kleine Würfel geschnitten und in kaltem Wasser aufbewahrt. Frischer Tofu ist preisgünstig und leicht erhältlich. Er hat kaum Eigenschmack, nimmt aber das Aroma der Zutaten, mit denen er gekocht wird, sehr gut an. Tofu wurde zur Zeit der Han-Dynastie von einer Forschergruppe entdeckt, die neue Medikamente entwickeln sollte.

Glasnudeln werden aus dem Mehl der Mungbohnen hergestellt. Ihr Aussehen erinnert an durchsichtige Plastikfäden, daher auch der Name. Wie Nudeln zubereitet, verwendet man sie in Suppen, Gedämpftem und Eintöpfen. In Sichuan und dem benachbarten Tibet werden sie in Wasser eingeweicht und mit Gemüse unter Rühren gebraten. In Indonesien, Malaysia und Singapur gibt man die gekochten Nudeln gemeinsam mit Palmzuckersirup, Kokosmilch und gewürfelten Gemüsen wie Jamswurzel, Süßkartoffeln und süßem Mais in süße Getränke und Nachspeisen.

Schwarze Bohnen ist die Bezeichnung für fermentierte schwarze Bohnen, die gesalzenen Sojabohnen Chinas. Getrocknete Sojabohnen werden gekocht, gesalzen und fermentiert, bis sie beinahe schwarz und weich sind. In luftdichten Gläsern sind sie fast unbegrenzt haltbar. Vor Gebrauch sollten sie gewaschen und getrocknet werden. Man kocht sie ganz, feingehackt oder als Püree.

Schwarzer Essig ist ein dunkler, süßlicher Essig, der sich nur mit Balsamessig vergleichen läßt. Er wird gewöhnlich aus Klebreis oder Sorghum hergestellt und hat dadurch einen unverwechselbaren Geschmack. Die besseren Sorten sind in mehreren Geschmacksrichtungen erhältlich, von rauchig bis zu vergorenem Essiggeschmack. In Zentralchina und einigen Gebieten im Norden wird schwarzer Essig wie Tomatenketchup verwendet.

Chilischoten Im allgemeinen sind grüne Chilis milder als rote, und um ihnen etwas Schärfe zu nehmen, sollte man die Kerne entfernen.

Ganze, frische Chilischoten können direkt in ein Gericht gegeben werden, oder man hackt sie bzw. schneidet sie in feine Streifen für Currys, Suppen und Gerichte, die unter ständigem Rühren gebraten werden. Man kann sie auch mit Sojasoße, Essig oder Fischsoße gemischt als Dip reichen.

Chinesische Champignons ist der geläufige Name für getrocknete schwarze (oder eher braune) Pilze. Die besten sind von hellerer Farbe und haben dicke Köpfe, aber leider sind sie auch sehr teuer. Schon vor langer Zeit fanden die Chinesen heraus, daß getrocknete Pilze ein viel intensiveres Aroma haben.

Die getrockneten Pilze sollten etwa 20 Minuten in warmem Wasser eingeweicht und dann ausgedrückt werden, um das Salz zu entfernen. Die Stiele werden abgeschnitten. Die Pilze schmecken besonders köstlich, wenn man sie sanft in einer leichten Brühe mit Sojasoße und Reiswein köcheln läßt.

Thailändischer Ingwer ist vermutlich besser als eingelegter Ingwer oder Pflaumeningwer bekannt. Er wird als Relish und in süß-sauren Soßen verwendet.

Kokosmilch wurde ursprünglich hergestellt, indem man das Innere der Kokosnuß fein rieb und mit etwas Wasser vermischte. Die Mischung wurde dann durch ein Tuch gedrückt. Seit der Erfindung der Küchenmaschine ist das Verfahren einfacher. Das Innere wird mit etwas Wasser in der Küchenmaschine zerkleinert und per Hand ausgedrückt. Beim ersten Ausdrücken erhält man die beste Milch; man nennt sie Kokosnußcreme. Nach dem zweiten Ausdrücken wird der faserige Rest weggeworfen. Es gibt mittlerweile einige gute Sorten Kokosmilch in Dosen, die sich offen bei Zimmertemperatur nur wenige Stunden, im Kühlschrank bis zu zwei Tage hält. Eine dritte Herstellungsmöglichkeit ist, Kokosraspeln in heißer Milch oder Wasser einzuweichen und auf traditionelle Art in einem Tuch auszupressen. Die erste Pressung ist sehr reichhaltig und neigt beim Kochen zur Gerinnung. Deshalb sollte diese Art der Kokosmilch unter ständigem Rühren erhitzt werden.

Koriandergrün wird in der südostasiatischen Küche sehr häufig, in Japan allerdings kaum verwendet. Das Aroma ist frisch, stark und unverfälscht.

Korianderwurzeln werden vor allem in Thailand verwendet: man mahlt sie dort für Currypasten und Soßen. Die Blätter werden als Garnierung oder im Salat verwendet.

Kreuzkümmel ist aromatisch und scharf zugleich. Die Samen sollten vor der Verwendung in einer trockenen Pfanne oder im sehr heißen Ofen geröstet werden. Danach verwendet man sie ganz oder gemahlen. Ofen oder Pfanne sollten so heiß sein, daß der Kreuzkümmelsamen springt.

Getrocknete Qualle wird wegen ihrer Knusprigkeit geschätzt. Es handelt sich um die gesalzene und in der Sonne getrocknete Haut der äußeren Quallenhülle. Man weicht getrocknete Qualle mehrere Stunden in warmem Wasser ein; nicht kochen, dadurch wird sie nur noch zäher. Meistens wird getrocknete Qualle in feine Streifen geschnitten, in Essig mariniert und in den Salat gemischt. Mit etwas Sesamöl wird der Salat dann köstlich und knusprig.

Fünf-Gewürze-Pulver ist ein aromatisches, chinesisches Gewürzpulver, das nach einem alten Rezept aus den drei Basiszutaten Sternanis, Kassiarinde und Sichuanpfeffer mit wilden Fenchelsamen und Nelken von den benachbarten Molukken und Gewürzinseln zubereitet wird.

Die nichtgemahlenen Gewürze können wie ein orientalisches bouquet garni verwendet werden. Man steckt sie in ein Mullsäckchen und läßt sie in Eintöpfen und ähnlichen Gerichten mitkochen. Vor dem Servieren entfernt man das Säckchen wieder. Man kann aus dem Fünf-Gewürze-Pulver auch einen Dip machen, wenn man es zu erhitztem Salz gibt.

Fünf-Gewürze-Pulver kann man selbst herstellen, indem man 40 Sichuanpfefferkörner, 2 Zimtstangen von 5 cm Länge, 1 ½ EL Fenchelsamen, 12 ganze Nelken und 2 ganze Anissterne in einen Mörser oder eine Gewürzmühle gibt und alles zu einem feinen Pulver mahlt.

Für Fünf-Gewürze-Salz einen Wok oder eine Pfanne bei mittlerer Hitze aufheizen. 50 g Salz hineinschütten und unter ständigem Rühren heiß werden lassen. Kurz abkühlen lassen, dann das Fünf-Gewürze-Pulver hineinrühren. Die erkaltete Mischung in ein Gewürzglas füllen. Als Dip für geröstetes, gegrilltes oder gebratenes Fleisch verwenden oder als Würze vor dem Fritieren.

Galgant (Galanga-Wurzel, Thaiwurzel) gehört zu den Ingwergewächsen und wird in vielen Ländern anstelle von Ingwer verwendet. Die Wurzel schmeckt scharf und pfeffrig und wird vor allem als Gewürz eingesetzt. In Thailand werden größere Galgant-Sorten mit Chilischoten, Kräutern und anderen Gewürzen gemahlen, um daraus ein erfrischendes Getränk herzustellen. Kleinere Sorten werden auch roh oder gekocht als Gemüse verzehrt.

Gemahlene Chilischoten werden aus getrockneten Schoten hergestellt, die man auch ganz, in Stücke gebrochen oder gedörrt verwendet. Am besten trocknet man sie im heißen Ofen oder in einer heißen Pfanne. Sie werden dann zu einem groben Pulver verarbeitet, das man mit gemahlenem Reis mischt. Die sehr intensive Würze wird zum Andicken oder als Panade gebratener Lebensmittel verwendet. Man kann sie auch als Streuwürze nehmen.

Gemahlener Koriander ist eine Grundzutat des Currypulvers. Er wird aus den Samen gewonnen. Am besten kauft man Koriandersamen und mahlt das Gewürz nach Bedarf. Damit sich das Aroma optimal entfaltet, Koriandersamen vor dem Mahlen erst rösten.

Hoisinsoße ist die Grillsoße Südostasiens schlechthin, eine süßliche, dicke, rötlichbraune Soße, die mit rotem Reis, Chilischoten oder natürlichem Farbstoff gefärbt wird und sich besonders gut als Würze für Schweinebraten und Geflügel eignet.

Hoisinsoße besteht aus fermentierter Sojabohnenpaste, Zucker, Knoblauch und Gewürzen, normalerweise Fünf-Gewürze-Pulver. Nicht mit der chinesischen Grillsoße Sha Cha Jiang zu verwechseln.

Zitronellgras wird auch unter der Bezeichnung Zitronengras verwendet, die auf den charakteristischen Duft und das Aroma hinweist. Am besten verwendet man es frisch, aber lose eingewickelt läßt es sich 1–1 ½ Wochen im Kühlschrank aufbewahren. Dazu die zwiebelartig verdickten Enden abspülen und trocknen, in feine Ringe schneiden oder hacken. Vor der Verwendung längs aufschneiden, damit das Aroma sich entfaltet.

Nudeln sind eine der Hauptgrundlagen des asiatischen Speisezettels; asiatische Nudeln haben zur Entwicklung der Spaghetti inspiriert.

Getrocknete Nudeln bewahrt man in luftdichten Behältern auf. Meistens werden sie wie italienische Nudeln in kochendem Salzwasser gegart.

Nuoc Mam Soße (Fischsoße) ist eine sehr intensive, scharfe Würzsoße. Sie wird in Südostasien (vor allem Burma, Kambodscha, Thailand und Vietnam) sehr häufig verwendet. Zur Herstellung werden Fisch und Salz übereinander in große Fässer geschichtet. Der Fisch hat dann drei oder mehr Monate Zeit zu fermentieren, bevor die dabei entstehende Flüssigkeit abgegossen, filtriert und in Flaschen gefüllt wird.

In Vietnam bereitet man aus Nuoc Mam Soße verschiedene Dips zu, indem man Chilischoten,

geröstete und gemahlene Erdnüsse, Zucker und andere Zutaten untermengt. Der Geschmack ist allerdings gewöhnungsbedürftig.

Austernsoße ist eine der beliebtesten Fertigsoßen Südostasiens. Sie wird aus getrockneten Austern hergestellt. Die billigeren Sorten schmecken eher salzig. Die Originalsoße war dünner und enthielt Stücke fermentierter, getrockneter Austern. Viele Leute benutzen Austernsoße als eine Art bessere Sojasoße, aber in Asien wird sie zu kurzgebratenem Gemüse gereicht und als Würze für gedämpfte oder kurzgebratene Gerichte verwendet.

Paprika wird in Vietnam als Gewürz und als Gemüse verwendet.

Pomelo ist eine große chinesische Frucht, die der Grapefruit ähnelt.Die Schale ist dick, süß und von mittelgrober Struktur, das Fleisch ist trocken und süßlich. Wie viele Früchte wird sie in Südostasien manchmal mit Salz gegessen.

Reisfadennudeln sind feine, rahmfarbene, spaghettiförmige Nudeln, deren Teig aus feingemahlenem Reismehl und Wasser besteht. Sie sind im Handumdrehen gar und müssen eigentlich nur in sehr heißes Wasser getaucht werden; gut abtropfen lassen.

Reisfadennudeln können auch unter Rühren gebraten und als weiche Nudeln serviert werden. Vor dem Braten sollten sie eingeweicht werden; anschließend gut abtropfen lassen. Zum Fritieren gibt man die Nudeln direkt ins Öl.

Sake. Um den Gärungsprozeß in Gang zu bringen, wird gedämpfter Reis mit Hefekulturen versetzt. Um Kontaminationen zu verhindern, gibt man Milchsäure dazu. Die milchige Lösung wird filtriert und ergibt nach 45 Tagen eine kristallklare Flüssigkeit – den Sake oder Reiswein.

Sake ist die Bezeichnung für das Lieblingsgetränk der Japaner und auch für alle japanischen alkoholischen Getränke. Kenner raten, Sake sofort zu trinken und eine geöffnete Flasche noch am selben Tag zu leeren. Auf keinen Fall jedoch sollte eine Flasche länger als ein Jahr aufbewahrt werden.

Salzfisch (oder gesalzener Kabeljau) wurde aus dem kanadischen Neufundland als Notration für die Eingeborenen der britischen Kolonien eingeführt. Wie der Salzfisch nach Vietnam kam, ist nicht mehr nachzuvollziehen, aber mittlerweile gilt er nicht nur in Südostasien, sondern auch in Afrika und der Karibik als Delikatesse. Er ist in vielen asiatischen, afrikanischen oder karibischen Lebensmittelläden erhältlich.

Sojasoße wird aus fermentierten Sojabohnen hergestellt, die man mit geröstetem Getreide (meistens Weizen) mischt. Eine Hefekultur löst die Fermentation aus. Nach Beginn der Fermentation wird Salz hinzugefügt, danach wieder Hefe. Die entstehende Flüssigkeit lagert mehrere Monate in großen Fässern und wird anschließend filtriert.

Helle Sojasoße ist dünn und hat ein leichtes, salziges Aroma. Sie wird als Würze Gerichten zugesetzt, bei denen eine dunkle Soße die Farbe der Zutaten verändern würde, vor allem bei Meeresfrüchten.

Dunkle Sojasoße ist dicker und hat ein volleres Aroma. Sie gibt überall dort Farbe, wo erwünscht, und ist weniger salzig als die helle Sojasoße. Die chinesische Pilzsojasoße wird mit dem Aroma chinesischer Strohpilze verfeinert.

Lu Soy ist eine besondere Sojasoße, die mit Zucker, Ingwer und Fünf-Gewürze-Pulver verfeinert wurde, um Geflügel oder Fleisch darin köcheln zu lassen, damit es ein reiches Aroma und eine dunkle Farbe annimmt.

Süße Sojasoße ist eine dunkle, süße Soße, deren Basis mit Zucker und Malz angereichert wurde. Sie hat einen charakteristischen Malzgeschmack und ist deshalb ideal als Dip für fritierte Häppchen, Geflügel und Meeresfrüchte.

Sternanis ist die getrocknete Frucht des Anisbaumes. Die gelbbraunen, achtzackigen Früchte sehen aus wie Sterne. Nach dem Trocknen findet man in jedem Zacken ein Samenkorn mit einem ausgeprägten Süßholzaroma. Das gemahlene Gewürz ist eine der Grundzutaten für das chinesische Fünf-Gewürze-Pulver. In Vietnam verwendet man Sternanis für Gerichte, die lange köcheln müssen, und für das Ansetzen von Brühe.

Strohpilze werden auf Reisstroh gezüchtet, das bei der Ernte übrig bleibt. Das gibt ihnen einen erdigen Geschmack. Sie werden im allgemeinen in Wasser aufbewahrt und in Dosen angeboten. Die kugelförmigen gelbbraunen Pilze sind etwa so groß wie Wachteleier; ältere Pilze werden grauschwarz. Sie haben keine äußeren Stiele; beim Durchschneiden kann man den nach innen gewachsenen Stiel erkennen.

Zuckerrohr ist bei einigen Händlern zu bekommen und häufig dort, wo sich Geschäfte auf den Import exotischer Lebensmittel spezialisiert haben. Es wird nur wegen seines süßen Saftes angebaut, aus dem man Zucker herstellt.

Zuckerrohr zum Kochen besteht aus dem Stamm; die Blätter werden auf dem Feld bei der Ernte abgeschlagen. Zuckerrohr muß mit einem scharfen, stabilen Messer sehr sorgfältig geschält werden.

Sichuanpfefferkörner sind die aromatischen Samen des Pfeffer-Gelbholzes. Die ganzen „Pfefferkörner" können jahrelang aufbewahrt werden, ohne an Aroma zu verlieren, wenn man sie in einem fest verschlossenen Glas trocken, dunkel und kühl lagert. In China mischt man sie mit erhitztem feinem Salz, das als Gewürz für Marinaden oder als salziger Dip für gegrillte und gebratene Lebensmittel verwendet wird.

Kurkuma stammt aus Südostasien und gehört zur Familie der Ingwergewächse. Das Fleisch ist hellorange, hat einen starken, erdigen Geruch und schmeckt etwas bitter. Kurkuma ist für die gelbe Farbe verantwortlich, die wir mit Currypulver verbinden, und es überdeckt alle anderen Gewürze.

Getrocknetes Kurkuma bewahrt man am besten in einem gut verschlossenen Glas auf; sparsam verwenden. Wegen seiner Farbe kann man Kurkuma gut anstelle von Safran verwenden. Wie viele Gewürze des Ostens findet er auch medizinische Verwendung. Kurkuma wird innerlich und äußerlich angewandt.

Baumohrpilze sind unter verschiedenen Namen bekannt. Die Chinesen nennen sie Wolkenohrpilze, weil sie aussehen wie Wolken, die auf chinesischen Gemälden mit Pinselstrichen wiedergegeben sind. Man nennt sie nach ihrem botanischen Namen Auricularia auriculajudae auch Judasohr oder Judenohr, und in Thailand sind sie als Rattenohrpilze bekannt. Baumohrpilze werden wegen ihres dezenten, zarten Aromas und ihres Bisses geschätzt. Sie werden getrocknet verkauft und sehen wie ein Seeschwamm aus.

Durch Einweichen vergrößern sie sich um das Fünffache; eine geringe Menge getrockneter Pilze ist also sehr ergiebig. Die Pilze sollten gründlich unter fließendem Wasser gewaschen werden, um den Sand zu entfernen. Die Kochzeit ist nur kurz. Die Pilze schmecken sehr mild und nehmen bereitwillig die Gewürze des jeweiligen Gerichts auf. Immer in einem gut verschlossenen Behälter kühl und trocken aufbewahren.

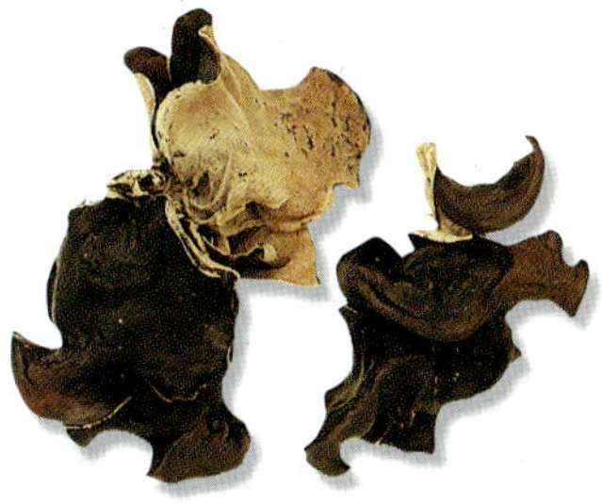

Gelbe Bohnensoße wird nach einem alten Rezept für Jiang oder in Salzlake eingelegte gelbe Sojabohnen hergestellt. Die Paste wird in Dosen oder Gläsern verkauft und sollte möglichst rasch in ein gut schließendes Glas umgefüllt werden; sie ist im Kühlschrank beinahe unbegrenzt haltbar.

Grundlagen

In diesem Buch wird immer wieder auf den Fond verwiesen, eine Brühe, die die Grundlage für viele der beschriebenen Gerichte bildet. Der Fond sollte leicht sein und die anderen Zutaten nicht übertünchen. Mein Vater brachte Stunden damit zu, Fond vorzubereiten. Er sagte immer, daß das Geheimnis eines guten Pho im Fond liegt. Auf unserem chinesischen Kocher hatte er immer einen Topf mit Fond stehen, um den er sich täglich mit beinahe religiösem Eifer bemühte.

Heutzutage, da Zeit so kostbar ist, läßt sich diese Tradition kaum noch beibehalten. Man kann Fond allerdings im Gefrierschrank aufbewahren, und für den Fall der Fälle gibt es die weit verbreiteten Brühwürfel.

In Supermärkten gibt es Fond in Dosen oder Gläsern, große asiatische Lebensmittelgeschäfte führen Dosenfond als Grundlage für verschiedene traditionelle Suppen – das kann sehr hilfreich sein. Der sauerscharfe Fond ist sehr zu empfehlen.

Brauner Fond

ERGIBT ETWA 2,8 LITER

- **1 Zwiebel, geviertelt**
- **3 Selleriestangen, gehackt (mit Herz und Spitzen)**
- **2 Nelken**
- **1 Knoblauchzehe**
- **4 Pfefferkörner**
- **1 cm Ingwerwurzel, ungeschält**
- **3,4 l kaltes Wasser**

1 Alle Zutaten in einen großen Topf mit fest schließendem Deckel geben und zum Kochen bringen. Hitze so weit anpassen, daß der Fond schwach köchelt. (Er darf nicht sprudelnd kochen, weil er sonst trüb wird.) 4–5 Stunden köcheln lassen, dabei gelegentlich umrühren.

2 Abkühlen lassen und filtern. Nach Bedarf verwenden.

Gemüsefond

ERGIBT 1,7 LITER

- **4 Möhren, grob gehackt**
- **4 Selleriestangen, vorzugsweise Herz, Spitzen und Blätter, grob gehackt**
- **3 Kartoffeln, geschält und geviertelt**
- **3 Frühlingszwiebeln, in grobe Stücke geschnitten**
- **4 Stücke Baumohrpilz, eingeweicht und abgetropft**
- **4 Pfefferkörner**
- **2 Nelken**
- **2,2 l kaltes Wasser**

1 Alle Zutaten in einem schweren Topf zum Kochen bringen. Hitze sofort reduzieren und Fond 3 Stunden köcheln lassen. Nach Bedarf verwenden.

≪ Üblich ist das Trocknen von Körnern oder Maniok auf heißen Wellblechdächern.

Hühnerfond

ERGIBT ETWA 2,8 LITER

Das Gerippe des Sonntagshuhns eignet sich sehr gut; auch Schenkel, Flügel und Füße ergeben einen guten Fond. Nach 30 Minuten das Fleisch herausnehmen und für ein anderes Gericht verwenden. Die Knochen bleiben im Fond, um ihm ein stärkeres Aroma zu verleihen.

- **3–4 Pfund Hühnerknochen**
- **1 cm Ingwerwurzel, geschält und in Scheiben geschnitten**
- **2 Frühlingszwiebeln, halbiert**
- **4 Pfefferkörner**
- **3,4 l kaltes Wasser**

1 Alle Zutaten in einen schweren Topf mit gut schließendem Deckel geben. Zum Kochen bringen und die Hitze reduzieren, sobald der Fond zu kochen beginnt, so daß er schließlich nur noch köchelt. Grauen Schaum abschöpfen, bis der Fond klar ist.

2 Erneut zum Kochen bringen und die Hitze sofort reduzieren. Zugedeckt 3–4 Stunden köcheln lassen.

3 Abkühlen lassen, filtern und nach Bedarf verwenden.

Fischfond

ERGIBT 0,8 LITER

Verwenden Sie alle Teile vom Fisch, auch Kopf und Gräten.

- **800 g Fischstücke**
- **1 Zwiebel, grob geschnitten**
- **1 Möhre, grob geschnitten**
- **2 Selleriestangen, grob geschnitten**
- **1 Knoblauchzehe**
- **4 schwarze Pfefferkörner**
- **1,1 l Wasser**

1 Alle Zutaten in einen schweren Topf mit gut schließendem Deckel geben. Zum Kochen bringen. Hitze sofort reduzieren und grauen Schaum abschöpfen, bis der Fond klar ist. Herdplatte so einstellen, daß der Fond zugedeckt etwa 3 Stunden köchelt. Nach Bedarf verwenden.

SUPPEN UND VORSPEISEN

Garnelen mit Sesamsaat auf Toast

CHAO TÔM VOI ME

FÜR 4 PERSONEN

- **4 EL Sesamsaat**
- **½ EL getrocknete Garnelen (nach Wunsch)**
- **175 g geschälte Garnelen, feingehackt**
- **2 Knoblauchzehen, zerdrückt und gehackt**
- **½ TL frische Ingwerwurzel, gerieben**
- **1 kleine Zwiebel, gerieben**
- **1 kleines Ei, verschlagen**
- **Salz und schwarzer Pfeffer**
- **Maismehl zum Bestäuben**
- **1 dünnes französisches Weißbrot oder 8 Scheiben Brot ohne Kruste**
- **Pflanzenöl zum Fritieren**

1 Sesamsaat in einer trockenen Pfanne braun rösten, dabei schütteln, damit nichts verbrennt.

2 Getrocknete Garnelen (falls verwendet) in warmem Wasser einweichen, bis sie weich sind. Gut abtropfen lassen und restliches Wasser ausdrücken. Fein hacken. Getrocknete und frische Garnelen, Knoblauch, Ingwer, Zwiebel, Ei, Salz und schwarzen Pfeffer vermischen und mit den Händen zu einem Teig kneten. Die Mischung sollte fest sein, sich aber noch streichen lassen.

3 Französisches Weißbrot in 1 cm dicke Scheiben oder Brotscheiben in Dreiecke schneiden bzw. mit Teigformen ausstechen. Garnelenmischung auf dem Brot verteilen und Sesamsaat mit dem Rücken eines Holzlöffels fest in die Garnelenmischung drücken. Mindestens 2 Stunden in den Kühlschrank stellen.

4 Genug Öl erhitzen, um die Brote mit der Garnelenseite nach unten in schwimmendem Fett auszubacken. Nach 1 Minute mit einem Fischheber vorsichtig umdrehen und auf der anderen Seite ebenfalls 1 Minute backen. Auf Küchenpapier abtropfen lassen und heiß servieren.

Rinder Pho

PHO BO

FÜR 4 PERSONEN

Mein Vater pflegte dieses Gericht samstags oder sonntags zu servieren; je nachdem, wann wir alle aufstanden. In Vietnam wird es von Straßenhändlern als Frühstück, Mittags- oder Nachtimbiß verkauft. Zur Abwechslung kann man zusätzlich zu oder statt des Rindfleischs hartgekochte, geviertelte Eier verwenden.

- **225 g breite Reisnudeln oder flache Eiernudeln**
- **1 Zwiebel, geschält und in Ringe geschnitten**
- **Saft von 1 Zitrone**
- **4 EL Koriandergrün, feingehackt**
- **4 Salatblätter, gewaschen und in feine Streifen geschnitten**
- **4 EL frische Minze, feingehackt**
- **1 Zitrone oder Limone, geviertelt**
- **Rinderfond oder ein Brühwürfel guter Qualität**
- **100 g rohes Rumpsteak, in feine Streifen geschnitten**
- **3 oder 4 frische scharfe rote oder grüne Chilischoten, in Ringe geschnitten (nach Wunsch)**
- **90 ml Nuoc Mam Soße oder 60 ml Maggi Flüssigwürze, vermischt mit 30 ml Zitronensaft, 1 gewürfelte Knoblauchzehe und ½ feingehackte Frühlingszwiebel**

1 Nudeln 30 Minuten in warmem Wasser einweichen, bis sie weich sind. Abtropfen lassen und warm halten. Zwiebelringe 20 Minuten in Zitronensaft einweichen.

2 Koriander, Minze, Salat und Zitronen- oder Limonenviertel auf verschiedenen Tellern anrichten und auf den Tisch stellen.

3 Den vorbereiteten Fond bis zum Siedepunkt erhitzen und die Fleischstreifen, die Nudeln und die angewärmten Suppenschüsseln auf den Tisch stellen.

4 Zuerst die Nudeln in die Suppenschüsseln geben, danach Salat und Kräuter, dann die Zwiebeln und auf Wunsch die Chilischoten. Fleisch in einer einfachen Lage darüberlegen. Die kochende Fond über das papierdünne Fleisch gießen, so daß es halbgar wird und Aroma und Duft von Koriander, Minze und Chilischoten freigesetzt werden. Nuoc Mam Soße und Zitrone oder Limone dazugeben und sofort abtrinken.

Garnelen Pho

PHO TÔM

FÜR 4 PERSONEN

Garnelen Pho ist eine sehr leichte Suppe. Sie ist einfach, aber köstlich und deshalb ungewöhnlich, weil hier Garnelen in einem Fond verwendet werden. Zur Abwechslung und um das Gericht anzureichern, gebe ich oft Garnelenklößchen in die Suppe. Sie sind sehr einfach herzustellen.

- **8 Champignons oder 2 Stücke schwarze Baumohrpilze**
- **850 ml Fischfond (Seite 23, oder 1 Würfel fertigen Fisch- oder Hühnerfond guter Qualität)**
- **2 Gurken, geschält**
- **175 g Glasnudeln oder Spaghetti**
- **225 g frische Garnelen, gekocht und geschält**
- **150 ml Nuoc Mam Soße oder 60 ml Maggi Flüssigwürze, vermischt mit 30 ml/2 EL Zitronensaft, 2 zerdrückten Anchovis, 1 gewürfelten Knoblauchzehe und ¼ Frühlingszwiebel, feingehackt**
- **4 große, gekochte, ungeschälte Garnelen zum Garnieren**

1 Baumohrpilze in sehr heißem Wasser 10 Minuten einweichen, bis sie weich sind. Dann in dünne Scheiben schneiden und in den Fond geben. (Champignons in dünne Scheiben schneiden und in den Fond geben.) In eine Schüssel geben und auf den Tisch stellen.

2 Gurke in dünne Scheiben oder streichholzgroße Stifte schneiden. In eine Schüssel geben und auf den Tisch stellen.

3 Fadennudeln in Wasser einweichen, das nach dem Aufkochen leicht abgekühlt ist (ca. 5 Minuten). Abtropfen lassen und in vier Schüsseln füllen.

4 Garnelen in eine Schüssel geben und auf den Tisch stellen. In der Zwischenzeit Fond aufkochen und köcheln lassen.

5 Die Gäste ihre Schüsseln mit den Zutaten auf dem Tisch garnieren lassen, dann den heißen Fond über das Ganze gießen. Mit Nuoc Mam Soße nach Geschmack würzen und die Suppenschüsseln mit den ungeschälten Garnelen garnieren.

Garnelenbällchen

TÔM HEO VIÊN

FÜR 4 PERSONEN

- **175 g Garnelen, durch den Wolf gedreht**
- **1 kleines, hartgekochtes Ei, feingehackt**
- **1 kleine Zwiebel, feingehackt**
- **1 Ei, verschlagen**
- **Salz und Pfeffer**

1 Alle Zutaten mit den Händen mischen; aus dem Teig feine Klößchen formen. In dem köchelnden Fond ziehen lassen.

Hühner Pho

PHO GÀ

FÜR 4 PERSONEN

Traditionell wird Pho mit Rindfleisch zubereitet. Es ist ein Zeichen der Zeit, daß man Pho seit kurzem in Saigon auch mit Huhn und Garnelen findet. Mein Vater sorgte durch eine Kombination der Zutaten im Rinder Pho und Garnelen Pho für Abwechslung. Bei uns hatten die Suppen Nummern: Suppe Nr. 9 z. B. hatte 9 Zutaten: Fond, Nudeln, Rindfleisch, gekochtes Ei, feingeschnittener Salat, Zwiebelscheiben in Zitronensaft, Frühlingszwiebeln, Koriander und Minze. Hühnersuppe gab es auch, wenn wir krank waren.

- **3 Selleriestangen, feingehackt**
- **3 Frühlingszwiebeln mit Grün, in Ringe geschnitten**
- **275 g gekochtes Hühnerfleisch, in feine Streifen geschnitten**
- **225 g Spaghetti**
- **850 ml Hühnerfond (Seite 23, oder 1 Würfel Hühnerfond guter Qualität)**
- **8 weiße Champignons oder 2 Stücke helle Baumohrpilze, in feine Scheiben geschnitten**

1 Sellerie und Frühlingszwiebeln in eine Schüssel geben und auf den Tisch stellen. Hühnerfleisch in einer Extraschüssel ebenfalls auf den Tisch stellen.

2 Spaghetti gar kochen (nicht zu weich). Abtropfen lassen und mit etwas kochendem Wasser abspülen. In 4 Schüsseln füllen.

3 Hühnerfond zum Köcheln bringen, Champignons oder Baumohrpilze hinzufügen. In eine Schüssel geben und auf den Tisch stellen.

4 Die Gäste füllen sich eine Mischung aus Sellerie, Frühlingszwiebeln und Hühnerfleisch auf die Nudeln; dann den heißen Fond in die Schüsseln gießen.

Reispapierfrühlingsrollen mit Garnelen

BÁNH CUÕN TÔM VIET NAM

FÜR 4 PERSONEN

- **4 frische Scheiben Speck ohne Knorpel (ca. 200 g)**
- **3 EL klarer Honig**
- **2 EL trockener Sherry**
- **1 TL Chilipulver**
- **225 g Reisfadennudeln**
- **450 g frische Garnelen, gekocht und halbiert**
- **175 g gekochtes Hühnerfleisch, in feine Streifen geschnitten**
- **3 eingelegte Zwiebeln, in feine Streifen geschnitten**
- **3 Gewürzgurken, in feine Streifen geschnitten**
- **1 Möhre, gerieben**
- **1 Packung rundes Banh Trang Reispapier**

SOSSE

- **100 ml Nuoc Mam Soße oder Maggi Flüssigwürze**
- **1 rote Chilischote, feingehackt**
- **1 Knoblauchzehe, feingehackt**
- **2–3 EL Zitronensaft**
- **2 TL Weinessig**
- **2 TL Ingwerwein**
- **1 TL Zucker**

ZUM SERVIEREN

- **1 Kopfsalat**
- **Korianderzweige**
- **Minzezweige**

1 Honig, Sherry und Chilipulver gründlich mischen. Mischung über die Speckscheiben verteilen. Mindestens 1 Stunde ruhen lassen.

2 Speckscheiben knusprig grillen; dabei häufig wenden, damit beide Seiten gleich werden. Abkühlen lassen und in schmale Streifen schneiden.

3 Soße zubereiten: alle Zutaten in eine Schüssel geben und sorgfältig zu einer Soße verrühren.

4 Reisfadennudeln in Wasser einweichen, das nach dem Kochen leicht abgekühlt ist. Wenn sie weich sind, abtropfen und abkühlen lassen.

5 Einzelne Blätter Banh Trang in warmes Wasser tauchen und auf ein Handtuch legen. Sie sollten weich und formbar sein. Etwas von den kalten Fadennudeln, den Garnelen, Hühnerfleisch, Speck, Gewürzgurke, Zwiebel und Möhre in die untere Mitte des Reispapiers legen; die Füllung sollte die Form eines Würstchens haben. Den unteren Rand des Reispapiers aufrollen und fest unter die Mischung schlagen. Linke und rechte Seite zur Mitte klappen und das Päckchen aufrollen. Fortfahren, bis die Zutaten aufgebraucht sind.

6 Die kalten, durchsichtigen Frühlingsrollen auf einen Servierteller legen. Die Gäste nehmen sich selbst einzelne Salatblätter. Die Rolle wird auf das Blatt gelegt, dazu gibt man etwas Koriander und Minze. Das Ganze wird aufgerollt und in die Soße getunkt.

In einem don ganh werden die Produkte üblicherweise auf der Schulter zum Markt oder nach Hause getragen.

Durchsichtige Frühlingsrollen mit Fisch

BÌ GÚÔN CÁ
FÜR 4 PERSONEN

- **1 mittelgroßer, frischer Roter Schnapper, Seebarsch oder Karpfen, gesäubert und ausgenommen**
- **2 TL Salz**
- **3 EL trockener Sherry**
- **2 EL Ingwerwein**
- **20 g Maismehl**
- **Pflanzenöl**
- **175 g Reisfadennudeln**
- **2 Gewürzgurken, feingehackt**
- **2 eingelegte Zwiebeln, feingehackt**
- **1 Möhre, gerieben**
- **1 Packung rundes Banh Trang Reispapier**

SOSSE

- **60 ml Nuoc Mam Soße oder Maggi Flüssigwürze**
- **1 rote Chilischote, feingehackt**
- **1 Knoblauchzehe, feingehackt**
- **1 EL Zitronensaft**
- **1 TL Apfel- oder Weinessig**
- **1 TL Zucker**
- **2 TL trockener Sherry**

ZUM SERVIEREN

- **Korianderzweige**
- **Minzezweige**
- **1 Kopfsalat**

1 In die Seiten vom Fisch zwei schräge Einschnitte in 2 cm Abstand machen. Salz, Sherry, Ingwerwein und 15 g Maismehl in einer Schüssel oder auf einem Teller verrühren, groß genug für den Fisch. Fisch in dieser Mischung wenden, bis er gut bedeckt ist, und 30 Minuten stehen lassen; mehrmals wenden.

2 Fisch aus der Schüssel nehmen und mit dem restlichen Maismehl bestäuben. Öl in einer Pfanne erhitzen, den Fisch bei mittlerer Hitze etwa 12 Minuten braten; dabei einmal vorsichtig umdrehen. Auf saugfähigem Küchenpapier abtropfen lassen. Fisch warmhalten, während die anderen Zutaten zusammengetragen werden.

3 Reisfadennudeln in warmem Wasser einweichen, bis sie weich sind; gründlich abtropfen lassen.

4 Alle Zutaten für die Soße gründlich verrühren. Gurken, Möhre und Zwiebeln unter die Fadennudeln heben.

5 Alle Zutaten auf den Tisch stellen. Den warmen Fisch vorsichtig von den Gräten lösen. Zwei Schüsseln mit warmem Wasser bereitstellen. Die Gäste nehmen sich selbst Reispapier. Es wird in das warme Wasser getaucht und herausgenommen, bevor es sich auflöst. Es sollte weich und formbar sein. Fisch, Reisfadennudeln, Minze und Koriander werden auf das Reispapier gelegt. Dann rollt man es in Bleistiftform auf und legt die Rolle auf ein Salatblatt. Das Salatblatt wird um die Frühlingsrolle gewickelt und das Ganze so in die Soße getunkt.

Durchsichtige Frühlingsrollen mit Rindfleisch

BÁNH CUÕN THIT BO VIÊT NAM
FÜR 4 PERSONEN

MARINADE

- **1 TL Zitronellgras, feingehackt (ersatzweise Saft und abgeriebene Schale einer Zitrone)**
- **1 TL Knoblauch, feingehackt**
- **1 EL Ingwerwein**
- **225 g Steakfleisch, gegen die Faser in 3 mm dicke und 5 cm lange Streifen geschnitten**
- **125 g Reisfadennudeln**
- **2 eingelegte Zwiebeln, feingehackt**
- **2 Gewürzgurken, feingehackt**
- **1 Möhre, gerieben**
- **1 Packung rundes Banh Trang Reispapier**
- **eine Schüssel mit warmem Wasser auf dem Tisch**

SOSSE

- **4 EL Nuoc Mam Soße oder Maggi Flüssigwürze**
- **1 rote Chilischote, feingehackt**
- **1 Knoblauchzehe, feingehackt**
- **1 EL Zitronen- oder Limonensaft**
- **1 TL Weinessig**
- **1 TL Zucker**
- **2 TL trockener Sherry**

ZUM SERVIEREN

- **1 Kopfsalat**
- **Korianderzweige**

1 Zutaten für die Marinade mischen und die Fleischstreifen marinieren. 2–3 Stunden stehen lassen.

2 Fadennudeln einweichen und danach gut abtropfen lassen. Kalte Fadennudeln, Zwiebel, Gurke und Möhre mischen, in eine Schüssel geben und auf den Tisch stellen.

3 Alle Zutaten für die Soße in eine Schüssel geben und gut verrühren. Salatblätter in eine Schüssel, Koriander und Minze auf eine Platte legen und auf den Tisch stellen. Banh Trang auf einer Platte ebenfalls auf den Tisch stellen.

4 Warmes Wasser in eine Schüssel füllen, die groß genug ist, um das Reispapier einzutauchen. Einen Tischgrill oder ein Fondue aufstellen, damit die Gäste das marinierte Fleisch am Tisch gar kochen können. (Ersatzweise Fleisch kurz grillen oder in einer Pfanne mit wenig Öl kurz braten.) Die Garzeit ist auf jeden Fall sehr kurz. Durch zu langes Kochen wird das Fleisch zäh.

5 Die Gäste tauchen das Reispapier ins Wasser, bis es weich und formbar ist. Dann füllen sie von allen Zutaten etwas in das Papier, rollen es auf und legen es auf ein Salatblatt. Das Blatt wird um die Frühlingsrolle gewickelt und das Ganze in die Soße getunkt.

Durchsichtige Frühlingsrolle mit Rindfleisch »

Vietnamesische Frühlingsrollen

CHA GIÒ VIÊT NAM

FÜR 6 PERSONEN

Diese köstlichen Frühlingsrollen sind nicht mit den chinesischen Pfannkuchenrollen zu verwechseln. Traditionell werden die vietnamesischen Frühlingsrollen bei einem Fest oder zu besonderen Gelegenheiten gereicht. Die Zubereitung ist aufwendig, aber das Ergebnis ist die Mühe wert.

- **100 g Glasnudeln**
- **2 getrocknete chinesische Pilze oder 4 Champignons**
- **2 Stücke schwarze Baumohrpilze**
- **1 EL getrocknete Garnelen oder Shrimps oder 8 frische Garnelen, feingehackt**
- **2 Knoblauchzehen, zerdrückt**
- **1 Möhre, gerieben**
- **1 Zwiebel, gerieben**
- **100 g Schweinehackfleisch**
- **1 EL Nuoc Mam Soße oder 1 EL helle Sojasoße, vermischt mit 2 zerdrückten Anchovis und einem Spritzer Zitronen- oder Limonensaft**
- **schwarzer Pfeffer**
- **1 Ei, verschlagen**
- **1 Packung rundes oder viertelkreisförmiges Banh Trang Reispapier**
- **Pflanzenöl zum Fritieren**

SOSSE

- **2 EL Nuoc Mam Soße oder Maggi Flüssigwürze**
- **1 Knoblauchzehe, feingehackt**
- **1 rote Chilischote, feingehackt**
- **1 EL Zitronen- oder Limonensaft**
- **1 TL Apfel- oder Weinessig**
- **1 TL Zucker**

ZUM SERVIEREN

- **1 Kopfsalat**
- **Korianderzweige**
- **Minzezweige**

1 Zuerst die Soße: alle Zutaten in eine Schüssel geben und gründlich verrühren.

2 Fadennudeln in aufgekochtem, leicht abgekühltem Wasser einweichen und gut abtropfen lassen. Mit einer Küchenschere in kleinere Stücke schneiden.

3 Chinesische Pilze und schwarze Baumohrpilze in aufgekochtem, leicht abgekühltem Wasser einweichen. Wenn sie weich sind, gut ausdrücken. Fein schneiden. (Ersatzweise Champignons waschen, trocknen und fein hacken.)

4 Getrocknete Garnelen oder Shrimps in aufgekochtem, leicht abgekühltem Wasser einweichen und gut abtropfen lassen.

5 Fadennudeln, Knoblauchzehe, Möhre, Zwiebel, Baumohrpilze, Champignons, getrocknete Garnelen oder Shrimps, Schweinehackfleisch, Nuoc Mam Soße, schwarzen Pfeffer und Ei in eine große Rührschüssel geben.

6 Etwas abgekochtes, leicht abgekühltes Wasser in eine große Schüssel geben. Ein sauberes Küchenhandtuch auf die Arbeitsfläche legen. Ein viertelkreisförmiges Reispapier nehmen und ins Wasser tauchen. Auf das Handtuch legen. Mit einem zweiten Stück Reispapier wiederholen. Das Reispapier sollte weich und formbar sein.

7 Das zweite Reispapier auf das erste legen. Der Rundbogen zeigt zur Vorderkante der Arbeitsfläche, das zweite wird etwa 5 cm weiter oben angelegt, aber so, daß die Stücke sich überlappen. Eine kleine Menge Füllung auf die Stelle an der Rundkante legen, wo die Stücke sich überlappen. Mischung in Würstchenform drücken.

8 Den unteren Rundbogen sorgfältig über die Mischung rollen und fest einschlagen. Linke und rechte Seite zur Mitte hin einschlagen und Päckchen aufrollen. So lange wiederholen, bis die ganze Mischung aufgebraucht ist. Nicht zu viel Füllung in die Rollen geben und fest aufrollen, damit sie beim Ausbacken nicht aufplatzen.

9 Rundes Reispapier befeuchten und auf das Küchenhandtuch legen. Etwas Füllung auf die untere Mitte des Reispapiers legen; die Füllung sollte die Form eines Würstchens haben. Den unteren Rand des Reispapiers aufrollen und fest unter die Mischung schlagen. Linke und rechte Seite zur Mitte klappen und das Päckchen aufrollen. Wenn ein Stück Reispapier reißen sollte, ein anderes darüber legen.

10 Wenn alle Rollen fertig sind, Öl in einer großen Pfanne stark erhitzen. Braten, bis die Füllung gar ist. Dabei häufig wenden und darauf achten, daß das Reispapier nicht verbrennt. Zum Fritieren (falls gewünscht) Rollen mit kleineren Mengen füllen, weil die Füllung sonst nicht gar wird, bevor das Reispapier verbrennt. Auf Küchenpapier abtropfen lassen.

11 Jede Rolle auf ein Salatblatt legen und mit Minze und Koriander aufrollen. In die Soße tunken, so lange die Rollen heiß sind.

Durchsichtige vietnamesische Rollen, vegetarisch

BÌ CUỐN CHAY VIỆT NAM

FÜR 4 PERSONEN

Das Geheimnis liegt darin, das Reispapier nicht zu lange zu wässern, damit es nicht reißt. Das erfordert etwas Übung, aber Ihre Gäste werden von Ihren Fähigkeiten beeindruckt sein.

- **225 g Reisfadennudeln**
- **4 getrocknete chinesische Pilze oder 8 Champignons**
- **2 Stücke schwarze Baumohrpilze**
- **1 Packung rundes Banh Trang Reispapier**
- **2 eingelegte Zwiebeln, in Scheiben geschnitten**
- **2 Gewürzgurken, in Scheiben geschnitten**
- **225 g Bambussprossen, abgetropft und in dünne Scheiben geschnitten**
- **1 Möhre, gerieben**
- **4 Ringe frische Ananas oder eine kleine Dose Ananasringe, abgetropft und in dünne Scheiben geschnitten**

SOSSE

- **100 ml Nuoc Mam Soße oder Maggi Flüssigwürze mit 2 EL Zitronensaft vermischt**
- **1 Knoblauchzehe, feingehackt**
- **1 rote Chilischote, feingehackt**

ZUM SERVIEREN

- **1 Kopfsalat**
- **Korianderzweige**
- **Minzezweige**
- **½ Gurke, geschält und in Stifte geschnitten (1 x 3 cm)**

1 Zuerst die Soße zubereiten: alle Zutaten in eine Schüssel geben und gründlich verrühren.

2 Fadennudeln in aufgekochtem, leicht abgekühltem Wasser einweichen und gut abtropfen lassen.

3 Pilze in aufgekochtem, leicht abgekühltem Wasser einweichen, gut abtropfen lassen und restliches Wasser herausdrücken. (Champignons waschen, trocknen und in dünne Scheiben schneiden.)

4 Ein sauberes Küchenhandtuch auf die Arbeitsfläche legen. Einzelne Blätter Banh Trang in warmes Wasser tauchen und auf das Handtuch legen. Sie sollten weich und formbar sein. Etwas von den Fadennudeln, getrocknete Pilze, Gewürzgurke, Zwiebel und Bambussprossen in die untere Mitte des Reispapiers legen.

5 Die Füllung wie ein Würstchen formen. Den unteren Rand des Reispapiers aufrollen und fest unter die Mischung schlagen. Linke und rechte Seite zur Mitte klappen und das Päckchen aufrollen. Fortfahren, bis die Zutaten aufgebraucht sind.

6 Vegetarische Rollen auf einen Teller legen. Die Gäste nehmen sich selbst einzelne Salatblätter und legen eine Rolle, Minze, Koriander und Gurke darauf. Alles in das Salatblatt rollen und in die Soße tunken.

Garnelen und Schweinehackfleisch auf Zuckerrohr

CHAO TÔM VÓI THIT LON XAY

FÜR 4 PERSONEN

- **1 EL getrocknete Garnelen oder Shrimps (nach Wunsch)**
- **225 g geschälte Garnelen**
- **175 g Schweinehackfleischfleisch**
- **1 kleine Zwiebel, feingehackt**
- **2 EL Koriandergrün, feingehackt**
- **Salz und Pfeffer**
- **1 EL Nuoc Mam Soße oder Maggi Flüssigwürze, vermischt mit ½ EL Zitronensaft, 2 zerdrückten Anchovis, 1 Knoblauchzehe, zerdrückt und getrocknet, und ¼ Frühlingszwiebel, feingehackt**
- **1 Ei, verschlagen**
- **4 x 15 cm Stücke Zuckerrohr oder Bambusspieße**
- **Mehl oder Maismehl (nach Wunsch)**
- **Pflanzenöl zum Fritieren (nach Wunsch)**
- **grüner Salat**

1 Getrocknete Garnelen oder Shrimps 1 Stunde in warmem Wasser einweichen. Ausdrücken und fein hacken.

2 Hackfleisch in eine Schüssel geben. Zwiebel, Koriander, frische und getrocknete Garnelen oder Shrimps, Salz, Pfeffer und Nuoc Mam Soße hinzufügen.

3 Ei darübergießen und mit den Händen verkneten. Die Mischung sollte so glatt werden, daß sie sich um das Zuckerrohr oder den Bambus formen läßt. Wenn der Fleischteig zu dünn ist, Mehl oder Maismehl dazugeben.

4 Zuckerrohr schälen und an jedem Ende 2,5 cm oder an einem 5 cm der grünen Schale stehenlassen. Mischung um das geschälte Stück Zuckerrohr herumformen.

5 Bei mittlerer Hitze grillen; dabei drehen, damit der Fleischteig gleichmäßig gar wird. Darauf achten, daß das Zuckerrohr nicht verbrennt. Alternative: in heißem Öl 4–5 Minuten fritieren.

6 Auf einem Salatbett servieren. Beim Essen der Garnelen-Schweinefleischmischung wird das Zuckerrohr gekaut oder ausgelutscht.

Vietnamesische Frühlingsrollen, vegetarisch

BÁNH CUÕN CHAY VIÊT NAM

FÜR 6 PERSONEN

Gäste, die vegetarisch essen, sind von diesen Rollen begeistert. Besonders wichtig ist es dabei, daß die Zutaten nicht durch das dünne Reispapier stoßen – deshalb werden sie fein gehackt, gerieben oder klein geschnitten. Sie dürfen keine scharfen Kanten haben. Wenn Sie den Dreh mit diesen Zutaten heraus haben, können Sie sie auch durch andere Gemüse ersetzen.

* **175 g Glasnudeln**
* **4 getrocknete chinesische Pilze oder 6 Champignons**
* **1 Stück heller oder gelber Baumohrpilz**
* **1 Stück schwarzer Baumohrpilz**
* **1 kleine Dose Wasserkastanien, abgetropft und klein gehackt**
* **2 Knoblauchzehen, feingehackt**
* **2 Möhren, gerieben**
* **2 Zwiebeln, gerieben**
* **1 EL Nuoc Mam Soße oder 1 EL helle Sojasoße, vermischt mit 2 Anchovis und einem Spritzer Zitronen- oder Limonensaft**
* **schwarzer Pfeffer**
* **1 Ei, verschlagen**
* **1 Packung rundes Banh Trang Reispapier**
* **Pflanzenöl zum Fritieren**

SOSSE

* **125 ml Nuoc Mam Soße oder 4EL Maggi Flüssigwürze**
* **1 Knoblauchzehe, feingehackt**
* **1 rote Chilischote, feingehackt**
* **2 TL Zitronen- oder Limonensaft**
* **1 TL Apfel- oder Weinessig**
* **1 TL Zucker**
* **50 g gemahlene Erdnüsse (nach Wunsch)**

ZUM SERVIEREN

* **1 Kopfsalat oder anderer grüner Salat**
* **Korianderzweige**
* **Minzezweige**
* **½ Gurke, geschält und in Stifte geschnitten**

1 Zuerst die Soße zubereiten: alle Zutaten in eine Schüssel geben und gründlich verrühren.

2 Fadennudeln in aufgekochtem, leicht abgekühltem Wasser einweichen und gut abtropfen lassen. Mit einer Küchenschere in kleinere Stücke schneiden.

3 Chinesische Pilze und helle und schwarze Baumohrpilze in aufgekochtem, leicht abgekühltem Wasser einweichen. Wenn sie weich sind, gut ausdrücken. Fein schneiden. (Ersatzweise Champignons waschen, trocknen und fein hakken.)

4 Fadennudeln, Wasserkastanien, Knoblauchzehe, Möhre, Zwiebel, Baumohrpilze, Nuoc Mam Soße, schwarzen Pfeffer und Ei in eine große Rührschüssel geben. Mit den Händen einen formbaren Teig kneten. Wie die vietnamesischen Frühlingsrollen füllen (Seite 32).

5 Rollen mit Koriander, Minze und Gurke auf ein Salatblatt geben, umwickeln und heiß in die Soße tunken.

Saté mit Huhn

SA-TÊ GÀ

FÜR 4 PERSONEN

- **2 EL Kokosnußcreme oder Naturjoghurt**
- **1 Knoblauchzehe, zerdrückt**
- **1 TL Chilipulver**
- **1 TL gemahlener Kreuzkümmel**
- **1 TL gemahlener Koriander**
- **1 EL Zitronensaft**
- **225 g frisches Hühnerfleisch, in Würfel geschnitten**

SOSSE

- **2 EL Kokosnußcreme oder Naturjoghurt**
- **1 Knoblauchzehe, zerdrückt**
- **½ TL gemahlener Kreuzkümmel**
- **1 TL gemahlener Ingwer**
- **1 TL gemahlener Koriander**
- **1 EL Zitronensaft**
- **1 EL gehackte, frische Minze**

1 Kokosnußcreme oder Joghurt mit Knoblauch, Chilipulver, Kreuzkümmel, Koriander und Zitronensaft verrühren. Die Hühnerstücke in dieser Mischung mindestens 4 Stunden marinieren; dabei häufig wenden.

2 Für die Soße alle Zutaten bis auf die Minze gründlich miteinander verrühren. An einem kühlen Ort ruhen lassen.

3 Fleisch auf 4 Spieße verteilen. Auf dem Holzkohlengrill oder einem vorgeheizten Elektrogrill gar werden lassen; dabei häufig mit der Marinade bestreichen und wenden.

4 Soße erhitzen und Minzeblätter hineingeben. Separat servieren.

Saté mit Rind

SA-TÊ BÒ

FÜR 4 PERSONEN

- **2 Knoblauchzehen, in Scheiben geschnitten und zerdrückt**
- **1 TL frisches Basilikum**
- **1 rote Chilischote, in Scheiben geschnitten**
- **1 EL Limonensaft**
- **1 EL Sesamöl**
- **1 EL Nuoc Mam Soße (nach Wahl)**
- **225 g Steakfleisch, in Würfel geschnitten**

SOSSE

- **3 EL Nuoc Mam Soße oder 2 EL Maggi Flüssigwürze**
- **1 EL Zitronen- oder Limonensaft**
- **1 eingelegte Zwiebel, in Scheiben geschnitten**
- **1 Knoblauchzehe, feingehackt**
- **1 EL Erdnüsse, feingehackt**

1 Knoblauchzehe, Basilikum, Chilischote, Limonensaft, Sesamöl und Nuoc Mam Soße mischen. Die Fleischwürfel darin mindestens 4 Stunden marinieren; dabei häufig wenden.

2 Für die Soße alle Zutaten gründlich miteinander verrühren; Soße in eine Schüssel geben und auf den Tisch stellen.

3 Fleisch auf 4 Spieße verteilen. Auf dem Holzkohlengrill oder einem vorgeheizten Elektrogrill gar werden lassen; dabei häufig mit der Marinade bestreichen und wenden.

In dieser typischen Haltung hocken die Frauen tagsüber am Straßenrand und verkaufen ihre Waren.

Saté mit Muscheln und Garnelen

SA-TÊ TÔM VÀ SÒ

FÜR 4 PERSONEN

Saté wurde wahrscheinlich durch indische Händler in Vietnam eingeführt. Mundgerechte, saftige Fleischstücke, Meeresfrüchte, Geflügel oder Gemüse werden gewürzt und auf dem Holzkohlengrill zubereitet. Dazu wird immer eine Soße gereicht.

- **150 ml trockener Sherry oder Weißwein**
- **1 EL Weinessig**
- **1 EL gehackter Dill**
- **Salz**
- **12 große Muscheln, gewaschen**
- **12 große Garnelen in der Schale**
- **1 Gurke, in 1 cm dicke Scheiben geschnitten**

WÜRZIGE TOMATENSOSSE

- **1 große Zwiebel, feingehackt**
- **2 EL Pflanzenöl**
- **2 Knoblauchzehen, zerdrückt und gehackt**
- **2 frische rote Chilischoten, feingehackt**
- **6 Tomaten, enthäutet**
- **1 EL frisches Basilikum, gehackt**

1 Sherry, Essig, Dill und Salz in einen Topf geben und aufkochen. Hitze reduzieren, bis Mischung köchelt, Muscheln hineingeben. 2 Minuten köcheln lassen. Muscheln entfernen und Flüssigkeit als Marinade zurückbehalten.

2 Garnelen, Gurken und Muscheln aufspießen, so daß auf jedem Spieß drei Garnelen, drei Muscheln und drei Gurkenstücke stecken. Zugedeckt im Kühlschrank aufbewahren.

3 Zwiebeln im Öl 3 Minuten sanft anbraten. Knoblauch hinzufügen und 1 Minute weiterbraten. Chilischoten und Tomaten dazugeben, 5 Minuten braten. Basilikumblätter einrühren. Vom Herd nehmen und abkühlen lassen.

4 Saté auf den Grill legen und von jeder Seite 3–4 Minuten grillen. Dabei häufig mit der Marinade bepinseln.

Saté mit Champignons

SA-TÊ NĀM

FÜR 4 PERSONEN

- ✶ **1 Knoblauchzehe, zerdrückt**
- ✶ **1 TL frischer Ingwer, gehackt**
- ✶ **1 TL Zitronengras, feingehackt oder abgeriebene Zitronenschale**
- ✶ **1 EL Koriandergrün, gehackt**
- ✶ **2 EL Nuoc Mam Soße (nach Wahl)**
- ✶ **1 El Sesamöl**
- ✶ **16 feste weiße Champignons**

SOSSE

- ✶ **3 EL geröstete Erdnüsse oder 3 EL Erdnußbutter mit Stückchen**
- ✶ **1 rote Chilischote, feingehackt**
- ✶ **1 Knoblauchzehe, zerdrückt**
- ✶ **1 EL Minze, feingehackt**
- ✶ **1 EL Zitronen- oder Limonensaft**
- ✶ **3 EL Nuoc Mam Soße oder 3 EL helle Sojasoße, vermischt mit 4 zerdrückten Anchovis**
- ✶ **2 EL Sesamöl**
- ✶ **100 ml dünne Kokosmilch**

1 Knoblauch, Ingwer, Zitronellgras, Koriander, Nuoc Mam Soße und Sesamöl mischen. Die Champignons darin 3–4 Stunden marinieren; dabei häufig wenden.

2 Für die Soße alle Zutaten außer der Kokosmilch miteinander verrühren. In den groben Teig, der dabei entsteht, die Kokosmilch einrühren.

3 Champignons auf 4 Spieße verteilen und auf jeder Seite etwa 3 Minuten grillen; dabei mit der Marinade bepinseln. Heiß mit der Soße servieren.

Vietnamesischer Salat

RAU TRÔN KIÊU VIÊT NAM

FÜR 6 PERSONEN

Die meisten vietnamesischen Mahlzeiten enthalten Salatzutaten oder haben einen Salat als Beilage. Auch als Vorspeise oder Zwischengericht sind Salate sehr beliebt. Ein vietnamesischer Salat ist immer einfallsreich, denn Vietnamesen lieben die Mischung verschiedener Strukturen und Aromen. Bei uns gab es den folgenden Salat immer montags, aber wir nannten ihn Sonntagssalat, weil die Reste des Sonntagsbratens verwertet wurden.

- ✶ **2 Stengel Zitronellgras (äußere Blätter entfernen), dünn geschnitten**
- ✶ **50 g Bratenreste (Rind, Schwein, Lamm oder Huhn), in feine Streifen geschnitten**
- ✶ **1 Bund Frühlingszwiebeln, gewaschen und feingehackt**
- ✶ **2 Möhren, fein gerieben**
- ✶ **1 rote Chilischote, in feine Scheiben geschnitten**
- ✶ **2 Knoblauchzehen, in feine Scheiben geschnitten und zerdrückt**
- ✶ **3 EL Nuoc Mam Soße oder 2 EL Maggi Flüssigwürze, vermischt mit 4 zerdrückten Anchovis**
- ✶ **9 EL Zitronen- oder Limonensaft**
- ✶ **2 EL frisches Basilikum, gehackt**
- ✶ **2 EL Koriander, feingehackt**

1 Mit dem Rücken eines Beils oder einem schweren Messer das Zitronellgras leicht klopfen, damit Duft und Aroma freiwerden. Mit den Fleischresten mischen, Frühlingszwiebeln dazugeben und gut umrühren. Geriebene Möhre unterrühren.

2 Chilischote, Knoblauch, Nuoc Mam Soße und Zitronensaft gut mischen. Basilikum und Koriander dazugeben und erneut mischen. Um die Soße zu verlängern, gleiche Anteile Nuoc Mam Soße und Zitronensaft dazugeben.

Vietnamesischer Salat mit Grapefruit, Krebs- und Hackfleisch

RAU TRÔN THIT XAY, CUA VÀ BUOI VIÊT NAM

FÜR 4 PERSONEN

- **175 g Schweine- oder Rinderhackfleisch**
- **3 EL Wasser**
- **2 EL Zitronen- oder Limonensaft**
- **2 EL Nuoc Mam Soße oder Maggi Flüssigwürze, vermischt mit 4 zerdrückten Anchovis**
- **1 grüne Chilischote, in feine Scheiben geschnitten**
- **1 kleine spanische Zwiebel, fein gewürfelt**
- **1 cm frische Ingwerwurzel, feingehackt**
- **1 EL Koriandergrün, feingehackt**
- **1 kleine Dose Krebsfleisch, gut abgetropft**
- **1 rosa Grapefruit, Filets herausgelöst und halbiert**

ZUM GARNIEREN

- **Salatblätter**
- **geriebene Möhre**

1 Hackfleisch mit dem Wasser bei mittlerer Hitze dünsten, bis es die Farbe verändert und gar, aber noch fest ist. Vom Herd nehmen und etwas abkühlen lassen.

2 Limonensaft, Nuoc Mam Soße und Chilischote zum Fleisch geben. Wenn das Fleisch abgekühlt ist, Zwiebel, Ingwer, Koriander und Krebsfleisch hinzufügen und gründlich umrühren. Grapefruit über den Salat streuen.

3 Salatblätter auf einen Teller legen. Geriebene Möhre ringförmig darauf anrichten und den Salat in die Mitte geben.

Einfacher Salat

RAU TRÔN DON GIAN
FÜR 4 PERSONEN

- **1 grüner Salat, in feine Streifen geschnitten**
- **1 Gurke, geschält und der Länge nach in feine Streifen geschnitten**
- **2 Möhren, geschält und der Länge nach in feine Streifen geschnitten**
- **1 große Handvoll Bohnensprossen, gewaschen und gut abgetropft**
- **3 EL Koriandergrün, gehackt**
- **3 EL frische Minze, gehackt**
- **2 hartgekochte Eier, geviertelt, zum Garnieren**

SALATSOSSE

- **4 EL Nuoc Mam Soße oder 3 EL Maggi Flüssigwürze**
- **4 EL Zitronensaft**
- **1 EL Weinessig**
- **3 Knoblauchzehen, feingehackt und zerdrückt**
- **1 rote Chilischote, feingehackt**
- **3 EL grobgehackte, geröstete Erdnüsse**

1 Salat, Gurke, Möhren und Bohnensprossen vermischen.

2 Nuoc Mam Soße, Zitronensaft und Essig verrühren. Knoblauch und Zucker dazugeben und gründlich vermischen; Chilischote und Erdnüsse unterziehen.

3 Soße über den Salat gießen und Koriander und Minze darüber streuen. Mit Eiervierteln garnieren.

Es gibt in Vietnam – vor allem im Süden – sehr viele Wasserwege, die man am schnellsten und einfachsten mit dem „Wassertaxi" bereist.

Vietnamesische Pfannkuchen

BANH XEO
FÜR 2 PERSONEN

Banh Xeo oder vietnamesische gebratene Pfannkuchen bzw. Omelettes zeigen den indischen Einfluß auf die vietnamesische Küche. Traditionell wird der dünne Teig durch ein Musselintuch gegossen, rasch gedämpft, abgekratzt und um eine Füllung gewickelt. Das ist nicht nur schwierig, sondern auch unpraktisch; deshalb verwende ich eine Omelettepfanne. Das Omelette kann als eigenständige Mahlzeit oder als Teil einer gemischten Vorspeise verzehrt werden. Man kann es auch abkühlen lassen, in Streifen schneiden und damit Salate, Nudel- und Reisgerichte garnieren.

- **3 Eier**
- **1–2 TL Nuoc Mam Soße (nach Wunsch)**
- **1 EL Pflanzenöl**
- **1–2 EL getrocknete Garnelen, in warmem Wasser eingeweicht und abgetropft oder 10 geschälte Garnelen**
- **1 TL frische Minze, feingehackt**
- **1 TL Koriandergrün, feingehackt**

1 Eier mit der Nuoc Mam Soße leicht und locker aufschlagen.

2 Öl in einer Omelettepfanne erhitzen und Eiermischung hineingießen. Vor dem Stocken Garnelen, Minze und Koriander einrühren. Stocken lassen.

3 Kurz unter vorgeheiztem Grill überbacken. Mit einem Holzspachtel Ränder begradigen und das Omelette falten.

Einfacher Salat ≫

Banh Xeo mit Hackfleisch und Bohnensprossen

BÀNH XÉO VÓI NHÂN THIT LON XAY VÀ GIA

FÜR 4 PERSONEN

- ✶ **2 EL Pflanzenöl**
- ✶ **1 Knoblauchzehe, feingehackt**
- ✶ **1 kleine Zwiebel, feingehackt**
- ✶ **175 g Schweinehackfleisch**
- ✶ **1 Handvoll Bohnensprossen, gewaschen und getrocknet**
- ✶ **3 Eier**
- ✶ **1–2 TL Nuoc Mam Soße (nach Wunsch)**

1 Die Hälfte des Öls in einer Omelettepfanne oder einem Wok erhitzen. Rasch Knoblauch und Zwiebel anbraten, bis das Aroma freigesetzt wird. Schweinehackfleisch dazugeben und unter Rühren braten, bis es braun ist.

2 Bohnensprossen dazugeben und unter Rühren 2–3 Minuten braten. Die Bohnensprossen sollten knackig bleiben.

3 Eier mit Nuoc Mam Soße leicht und locker aufschlagen. In einer Omelettepfanne das restliche Öl bei mittlerer Flamme erhitzen und die Eiermischung hineingießen. Wenn das Omelette zu stocken beginnt, Schweinehackfleisch und Bohnensprossen in die Mitte geben und die Seiten umklappen, so daß ein Quadrat entsteht.

4 Zum Fertigbacken und damit es gut aufgeht, Omelett unter den vorgeheizten Grill schieben.

Krebs-Mais-Suppe

CHÁO BAP VÓI THIT CUA

FÜR 4 PERSONEN

Mais wächst in ganz Vietnam, und die Krebse werden jeden Tag frisch gefangen und billig auf dem Markt verkauft. Sie können für dieses Gericht frischen Mais und frisches Krebsfleisch verwenden; die im Rezept angegebenen Konserven ersparen allerdings Zubereitungszeit, und das Ergebnis ist genauso gut.

- **600 ml Hühnerfond oder 1 Dose konzentrierte Hühnercremesuppe**
- **300 g Maiskörner aus der Dose**
- **300 g Maiscremesuppe aus der Dose**
- **300 g Krebsfleisch aus der Dose, abgetropft**
- **1 Ei**
- **2 Frühlingszwiebeln, in dünne Ringe geschnitten**

1 Wenn Sie Suppenkonzentrat verwenden, 1 Dose Wasser und 1 Dose Milch vermischen und zur Suppe geben. Fond oder Suppe bis zum Siedepunkt erhitzen.

2 Maiskörner grob hacken oder ganz lassen. Maiskörner und Maiscremesuppe zum Fond geben. Krebsfleisch hinzufügen und gründlich umrühren.

3 Ei verschlagen und über den Rücken einer Gabel in den Fond laufen lassen; dabei mit der Gabel einen kleinen Kreis in der Suppe beschreiben. Vom Herd nehmen und abdecken. 40 Sekunden ruhen lassen.

4 Mit den Frühlingszwiebeln bestreuen, einmal umrühren und heiß servieren.

Fritierte Fischbällchen

CHA CÁ CHIÊN

FÜR 4 PERSONEN

In Vietnam würde man für dieses Gericht Butterfisch verwenden. Gefrorene Kabeljaufilets sind ein ganz ausgezeichneter Ersatz.

- **275 g Weißfisch**
- **150 ml Kokosmilch oder Kuhmilch**
- **225 g Süßkartoffeln, gekocht und zerstampft**
- **2 Tomaten, enthäutet und gehackt**
- **2 EL Koriander, gehackt**
- **2 EL Nuoc Mam Soße oder helle Sojasoße, vermischt mit 4 zerdrückten Anchovis**
- **2 Eier, leicht verschlagen**
- **Reismehl oder Weizenmehl**
- **Pflanzenöl zum Fritieren**

ZUM GARNIEREN

- **Salatblätter**
- **Minzezweige**

1 Fisch mit Kokosmilch übergießen, bis er bedeckt ist (eventuell Kokosmilch mit etwas Wasser oder Kuhmilch verlängern). Milch zum Kochen bringen und 10 Minuten köcheln lassen, bis der Fisch gar ist. Haut und Gräten entfernen und das Fleisch zerpflücken.

2 Fisch, Kartoffeln, Tomaten und Koriander in einer Schüssel gut mischen.

3 Nuoc Mam Soße mit Eiern verrühren. Die Hälfte der Mischung langsam zur Fischmischung geben, so daß sie ihre Konsistenz behält. Wenn der Teig zu flüssig ist, etwas Mehl dazugeben.

4 Mischung in kleine Bällchen formen. Jedes Bällchen in die restliche Eiermischung tauchen und im Reismehl rollen.

5 Öl erhitzen, bis es raucht, die Bällchen darin goldbraun fritieren.

6 Heiß servieren und am besten mit Salat und Minzezweigen garnieren.

Gegrillte Schälrippchen mit Zitronellgras und Chilischoten

THIT SUÒN NUÓNG VOI SA VÁ OT

FÜR 4 PERSONEN

- **12 Schweineschälrippchen**
- **2 EL klarer Honig**
- **1 TL Fünf-Gewürze-Pulver**
- **2 Knoblauchzehen, feingehackt und zerdrückt**
- **3 EL trockener Sherry oder Reiswein**
- **3 EL Nuoc Mam Soße oder helle Sojasoße, vermischt mit 4 zerdrückten Anchovis**
- **2 Stengel frisches Zitronellgras, in dünne Scheiben geschnitten, oder abgeriebene Schale einer Zitrone**
- **2 frische rote Chilischoten, feingehackt**

1 Schälrippchen waschen, abtrocknen und in eine große Schüssel geben.

2 In einer anderen Schüssel Honig, Fünf-Gewürze-Pulver, Knoblauch, Sherry, Nuoc Mam Soße, Zitronellgras und Chilischoten vermischen. Die Honigmischung über den Schälrippchen verteilen und 4 Stunden ziehen lassen.

3 Die Rippchen können auf dem Grill zubereitet werden (häufig wenden und mit der Marinade bepinseln) oder im Ofen bei 190 °C / Gas Stufe 5 (ebenfalls bepinseln).

FISCH-GERICHTE

Fritierter Aal mit Zitronellgras und Erdnüssen

LUON XÀO VÓI SA VÁ LAC

FÜR 4 PERSONEN

Süßwasser- und Salzwasseraale sind nicht nur überall in Vietnam, sondern allgemein in ganz Asien beliebt. Der Fischhändler säubert und filetiert den Fisch für Sie. Das heiße Sesamöl verteilt sich um den Fisch und gibt ihm einen zarten Nußgeschmack, der von der Garnierung der knusprig gerösteten Erdnüsse aufgenommen wird.

- **Pflanzenöl zum Fritieren**
- **450 g gesäuberter, filetierter Aal, in 5 cm lange und 15 mm dicke Streifen geschnitten**
- **2 Stengel Zitronellgras, geputzt und in Streifen geschnitten**
- **150 ml Hühnerfond**
- **2 EL Nuoc Mam Soße oder 30 ml Maggi**
- **Flüssigwürze, vermischt mit 2 zerdrückten Anchovis**
- **1 EL Reiswein oder trokkener Sherry**
- **1 TL Zucker**
- **1 TL Maismehl, vermischt mit etwas kaltem Wasser**
- **2 EL geröstete, grob gehackte Erdnüsse zum Garnieren**

1 Öl heiß werden lassen und die Aalstücke knusprig und goldbraun ausbacken. Auf Küchenpapier abtropfen lassen und beiseite stellen.

2 Zitronellgras, Hühnerfond, Nuoc Mam Soße, Reiswein und Zucker in einem Topf erhitzen. Bis zum Siedepunkt erhitzen, fritierte Aalstücke dazugeben und zugedeckt 3 Minuten köcheln lassen. Zum Andicken die Maismehlmischung einrühren.

3 Gericht ringförmig anrichten und in der Mitte eine Vertiefung frei lassen. Sesamöl stark erhitzen und in die Mitte gießen. Mit gehackten, gerösteten Erdnüssen bestreuen.

Gegrillter Barsch mit Ingwersoße

CÁ BASS NUÓNG VÓI XÔT GÙNG

FÜR 4 PERSONEN

Für dieses Gericht eignen sich Barsch, Karpfen oder ein anderer Süßwasserfisch.

- **1 Barsch, ausreichend für 4 Personen, gesäubert und ausgenommen**
- **Saft von 2 Limonen**
- **2 EL Dill, gehackt**
- **1 EL Sesamöl**
- **1 Stück Pflaumeningwer, in Streifen geschnitten, zum Garnieren**

INGWERSOSSE

- **2 getrocknete chinesische Pilze, eingeweicht, abgetropft, Stiele entfernt und in dünne Scheiben geschnitten (oder 4 Champignons)**
- **2 Stengel Zitronellgras, geschält und in dünne Scheiben geschnitten**
- **2 Frühlingszwiebeln, feingehackt**
- **1 rote Chilischote, in dünne Ringe geschnitten**
- **90 ml Ingwerwein**
- **1 EL Nuoc Mam Soße oder 1 EL helle Sojasoße**
- **1 Stück Pflaumeningwer, in Streifen geschnitten (nach Wunsch)**
- **2 EL Weinessig**
- **4 EL Wasser**
- **1 EL Maismehl mit etwas Wasser angerührt**

1 Den Barsch mit den Resten der Limone abreiben. Auf beiden Seiten mehrmals schräg einschneiden. Limonensaft über den Fisch gießen. Dill darüber streuen und im Kühlschrank zugedeckt 2–4 Stunden ziehen lassen.

2 Alle Zutaten für die Ingwersoße außer dem Maismehl zusammen mindestens 3 Minuten köcheln lassen. Maismehl unter ständigem sanften Rühren dazugeben. Die Mischung sollte eindicken. Kochplatte abschalten und Topf zudecken.

3 Den Barsch auf beiden Seiten mit Sesamöl bepinseln. Auf einem Holzkohlengrill oder unter dem vorgeheizten Elektrogrill den Fisch gar, nicht zu weich werden lassen.

4 Heißen Fisch vor dem Servieren mit Ingwersoße übergießen und mit Ingwerstreifen garnieren.

Kleine Fischerboote nach getaner Arbeit am Strand.

Karpfen in Kokosmilch

CÁ CHÉP NÂU VÓI NUÓC DÙA

FÜR 4 PERSONEN

Dieses Gericht kann mit jedem festen Fischsteak zubereitet werden. Probieren Sie es mit Kabeljau, Heilbutt oder Forelle.

- **1 EL Pflanzenöl**
- **1 Stengel Zitronellgras, geschält und feingehackt**
- **½ TL Pfefferkörner, zerquetscht**
- **1 Knoblauchzehe, zerdrückt und feingehackt**
- **1 rote Chilischote, in dünne Ringe geschnitten**
- **½ EL gemahlener Zimt**
- **4 ganze Nelken, zerquetscht**
- **2 EL Nuoc Mam Soße oder 2 EL helle Sojasoße**
- **120 ml Kokosmilch**
- **1 Karpfen, ausreichend für 4 Personen, gesäubert und ausgenommen**
- **Saft und Schale von 1 Limone**
- **1 EL Koriandergrün, feingehackt**

1 Zitronellgras, Pfefferkörner, Knoblauch, Chilischote, Zimt und Nelken sanft in Öl anbraten, bis das Aroma freigesetzt wird (höchstens 2 Minuten).

2 Nuoc Mam Soße dazugeben und vorsichtig unterrühren. Vom Herd nehmen und Kokosmilch einrühren.

3 Karpfen in einen Topf geben und Kokosmilch darübergießen. Limonensaft und Koriandergrün hinzufügen und umrühren. Zugedeckt etwa 10–15 Minuten köcheln lassen, bis der Fisch gar ist.

4 Fisch herausnehmen und auf eine Servierplatte geben. Mit Streifen der Limonenschale garnieren. Soße erhitzen und einige Minuten kochen lassen, damit sie eindickt. Filtern, bis die reine Milch übrig ist und über den Karpfen gießen.

Krebs gedämpft mit heller Weinsoße

CUA HÂP VÓI NUÓC XÔT CÓ RUOU

FÜR 4 PERSONEN

In Vietnam stehen Krebse häufig auf dem Speisezettel, weil es genug gibt und sie deshalb billig sind. Sie kommen in Seen, Flüssen, Mangrovensümpfen und Küstengewässern vor. Der Süßwasserkrebs ist wegen seines köstlichen Fleisches und des süßlichen Aromas allerdings teuer. Das beliebteste Fleisch stammt von der zarten Schere, das delikateste sind die leuchtend orangefarbenen Eier.

- **700 g Krebsscheren**
- **2 Stengel Zitronellgras, geschält und feingehackt oder abgeriebene Schale einer Zitrone**
- **1 Scheibe frische Ingwerwurzel, geschält und feingehackt**

SOSSE

- **4 EL Reiswein, trockener Sherry oder trockener Weißwein**
- **1 EL Nuoc Mam Soße oder 1 EL helle Sojasoße**
- **1 EL Sesamöl**
- **1 EL Zitronellgras, feingehackt**
- **½ EL Frühlingszwiebeln, feingehackt**

1 Krebsscheren aufbrechen: Zeitung auflegen und mit dem Rücken eines Fleischklopfers draufschlagen. Fleisch sorgfältig auslösen, Panzer und Knorpel wegwerfen. In eine Schüssel geben und mit einer Gabel zerpflücken.

2 Zitronellgras und Ingwer dazugeben. Gut vermischen, abdecken und etwa 15 Minuten dämpfen.

3 Zutaten für die Soße miteinander vermischen und getrennt servieren.

Ein ganz frischer Fang: auf dem Holzkohlengrill zubereitet oder gebraten eine Delikatesse.

Muscheln gefüllt mit Garnelenpaste

SÓ DÔN CHA TÔM

FÜR 4 PERSONEN

- **12 Muscheln, gesäubert**
- **Pflanzenöl zum Braten**

GARNELENFÜLLUNG

- **1 EL getrocknete Garnelen, in Wasser eingeweicht, ausgedrückt und feingehackt oder 20 aufgetaute Garnelen, feingehackt**
- **2 kleine Stücke schwarze Baumohrpilze, in warmem Wasser eingeweicht, ausgedrückt und feingehackt**
- **100 g Süßkartoffeln, gekocht und zerstampft**
- **1 EL Nuoc Mam Soße oder 1 EL helle Sojasoße**

1 Für die Garnelenfüllung alle Zutaten miteinander vermischen.

2 Die Muscheln dämpfen, bis sie gar sind – in einem Bambusdämpftopf dauert das etwa 5 Minuten. Herausnehmen und abkühlen lassen.

3 Muscheln an ihrer dicksten Stelle aufschneiden und die Füllung hineingeben. Öl stark erhitzen. Die gefüllten Muscheln in einem Korb vorsichtig ins heiße Fett senken und 2 Minuten ausbacken.

Muscheln in Schweinefett gegrillt mit Nuoc Mam Soße

SÒ NUÓNG VÓI MO HEO ĂN VÓI NUÓC MĂM

FÜR 4 PERSONEN

- **4 Muscheln, gesäubert**
- **½ TL Salz**
- **Saft von 1 Zitrone oder Limone**
- **1 Stück fetter Schweinebauch oder 8 Speckschwarten**
- **4 EL Nuoc Mam Soße oder 4 EL Maggi Flüssigwürze, vermischt mit 2 EL Zitronensaft, 1 Knoblauchzehe, gewürfelt, und ½ Frühlingszwiebel, feingehackt**

1 Muscheln in einem Topf mit Wasser bedecken; Salz, Zitronensaft hinzufügen. 1–2 Minuten köcheln lassen (nicht zu weich). Muscheln aus dem Sud nehmen und abtrocknen.

2 Jede Muschel in eine Muschelschale oder eine feuerfeste Form geben, etwas Schweinebauch oder Speckschwarte auf die Muscheln legen und höchstens 4 Minuten unter den vorgeheizten Grill geben. Das Schweinefett sollte auf die Muscheln tropfen, so daß sie das rauchige Aroma annehmen. Vom Grill nehmen und mit der Nuoc Mam Soße servieren.

Tintenfisch fritiert mit Bananenschnitten

MUC CHIÊN VÓI CHUÔI CHIÊN

FÜR 4 PERSONEN

- **450 g frischer Tintenfisch, gesäubert und vorbereitet**
- **2 große Knoblauchzehen, sehr fein gehackt**
- **2 TL Nuoc Mam Soße (nach Wunsch)**
- **2 EL gehackter, frischer Dill**
- **schwarzer Pfeffer**
- **Maismehl**
- **Pflanzenöl zum Fritieren**

NUOC CHAM SOSSE

- **2 kleine Knoblauchzehen, zerdrückt**
- **1 kleine rote Chilischote, entkernt und feingehackt**
- **25 g Zucker**
- **2 EL frischer Limonen- oder Zitronensaft**
- **50 ml Apfel- oder Weinessig**
- **50 ml Nuoc Mam Soße oder Maggi Flüssigwürze**
- **1 EL Wasser**

BANANENSCHNITTEN

- **1 Ei**
- **25 g feiner Zucker**
- **1 ganze reife Banane, geschält und zerdrückt**
- **50 g Mehl**
- **1 TL Backpulver**
- **Pflanzenöl zum Braten**

TEIG

- **100 g Mehl**
- **1 Prise Salz**
- **1 Prise gemahlener Zimt**
- **1 Ei, verschlagen**
- **150 ml Milch**

1 Zuerst die Bananenschnitten zubereiten. Für den Teig Mehl und Salz vermischen. Zimt, Ei und Milch miteinander verrühren; Mehl-Salz-Mischung hinzufügen. Mit dem Schneebesen gründlich vermischen. Im Kühlschrank in unterem Fach mindestens 30 Minuten ruhen lassen.

2 Ei und dann 25 g Zucker zur Banane geben; dabei ständig mit dem Schneebesen schlagen. Mehl und Backpulver dazugeben und glattrühren. Die Mischung eßlöffelweise in den Teig tauchen. Öl erhitzen und die Bananenschnitten einzeln braten. Beiseite stellen.

3 Nuoc Cham Soße zubereiten. Knoblauch, Chilischote, Zucker, Limonen- oder Zitronensaft, Essig, Nuoc Mam Soße und Wasser in eine Küchenmaschine geben und etwa 30 Sekunden mischen, bis der Zucker sich aufgelöst hat. Beiseite stellen.

4 Tintenfisch vorsichtig auseinanderziehen, so daß Kopf und Körper sich trennen. Die Tentakel abschneiden und in kleine Stücke hacken. Kopf wegwerfen. Tintenfisch unter kaltem Wasser abspülen und den Körper in Ringe schneiden.

5 Tintenfischringe, gehackte Tentakel, Knoblauch, Nuoc Mam Soße, Dill und schwarzen Pfeffer in eine Schüssel geben und den Fisch 30 Minuten darin marinieren. Ringe und Tentakel in Maismehl wälzen; überschüssiges Mehl abschütteln.

6 Öl erhitzen, bis es raucht. Mehrere Tintenfischstücke gleichzeitig hineingeben und etwa 1 Minute fritieren, bis sie goldbraun sind. Auf Küchenpapier abtropfen lassen.

7 Auf einem Servierteller Bananenschnitten ringförmig anordnen, den fritierten Tintenfisch in der Mitte aufhäufen. Heiß servieren. Die Nuoc Cham Soße wird separat dazu gereicht.

Krebs gefüllt mit Schweinehackfleisch und Koriander

CUA TRÔN VÓI THIT LON XAY VÀ NGÒ

FÜR 4 PERSONEN

- **2 gekochte Krebse**
- **225 g mageres Schweinehackfleisch**
- **1 Zwiebel, gehackt**
- **1 TL schwarzer Pfeffer**
- **15 g Zucker**
- **1 EL Nuoc Mam Soße (nach Wunsch)**
- **1 EL Korianderwurzel, gehackt**
- **2 Eier, getrennt**
- **1 EL Frühlingszwiebeln, gehackt**
- **1 EL frisches Koriandergrün, gehackt**
- **1 frische rote oder grüne Chilischote, in feine Ringe geschnitten**

1 Gliedmaßen der Krebse abtrennen. Fleisch aus den Panzern nehmen; der Panzer sollte intakt bleiben. Fleisch der Gliedmaßen entfernen. Das gesamte Fleisch zerpflükken und beiseite stellen.

2 Schweinefleisch, Zwiebel, Pfeffer, Zucker, Nuoc Mam Soße und Korianderwurzel in einer Küchenmaschine mixen. In eine Schüssel geben. Krebsfleisch und Eiweiß hinzufügen. Frühlingszwiebeln und Koriandergrün dazu und per Hand verrühren. Wenn nötig, mehr Eiweiß zugeben.

3 Die Krebspanzer großzügig mit der Mischung füllen, so daß sich oben ein Hügel bildet. Eigelb vorsichtig anstechen und auf jeden Hügel mit Füllung ½ TL Eigelb geben. Mit Chilischoten bestreuen. Die Krebse nur vorsichtig bewegen, damit das Eigelb nicht verläuft. (Falls sich dies als zu schwierig erweist, Füllung mit verschlagenem Eigelb bepinseln, mit Chilischoten und Koriandergrün bestreuen.)

4 Jeden Krebs mit der Füllöffnung nach oben in einen großen Dämpftopf legen und 20 Minuten dämpfen. Dazu reichlich grünen Salat oder Einfachen Salat (Seite 40) servieren.

Meeresfrüchte gebraten mit Minze, Knoblauch und Chilischoten

THÚC ĂN BIÊN XÀO VÓI RAU THOM, TOI VÀ ÓT

FÜR 4 PERSONEN

- **100 g Fischfilet**
- **6 Miesmuscheln**
- **1 kleiner, roher Krebs, gesäubert und gehackt**
- **100 g Tintenfischstücke**
- **100 g rohe Garnelen**
- **100 g Kammuscheln**
- **2 Knoblauchzehen, gehackt**
- **2 große frische Chilischoten, gehackt**
- **1 EL Korianderwurzel, gehackt**
- **1 EL Pflanzenöl**
- **2 EL Austernsoße**
- **2 EL Nuoc Mam Soße und 1 TL Anchovissoße, gut verrührt**
- **1 Paprikaschote, in Streifen geschnitten**
- **1 Zwiebel, in feine Ringe geschnitten**
- **2 Schalotten, in feine Ringe geschnitten**
- **4 EL frische Minze, gehackt**

1 Meeresfrüchte waschen und vorbereiten. Fischfilet in mundgerechte Stücke schneiden. Muscheln waschen und Bart entfernen. Gliedmaßen des Krebses entfernen und den Panzer mit einem Hammer knacken. Äußeren Panzer entfernen, Krebsfleisch herausnehmen und in mundgerechte Stücke brechen. Beiseite stellen.

2 Knoblauch, Chili und Korianderwurzel mit dem Mixer zu einer groben Paste zerkleinern. Beiseite stellen.

3 Öl erhitzen und Knoblauch, Chilischoten und Koriander bei mittlerer Hitze braten. Meeresfrüchte dazugeben und unter vorsichtigem Rühren braten, so daß das Fischfilet nicht zerfällt. Austernsoße und Nuoc Mam Soße hinzufügen. Abschmecken und zugedeckt noch wenige Minuten köcheln lassen.

4 Deckel entfernen und Paprika, Zwiebeln, Schalotten und Minze dazugeben. Weiterbraten und vorsichtig rühren, da die Fischfilets nun noch empfindlicher sind. Nach ein paar Minuten vom Herd nehmen.

5 Auf einer großen, flachen Servierplatte anrichten und mit Kräutern garnieren, die gerade zur Hand sind. Mit einer großen Schüssel dampfendheißem Reis servieren.

Hummer-Süßkartoffel-Curry

CÁ-RI TÔM HÙM VỚI KHOAI LANG

FÜR 4–6 PERSONEN

- **25 g Butter**
- **450 g Süßkartoffeln, geschält und in 2,5 cm große Würfel geschnitten**
- **1 EL trockenen Sherry**
- **1 ganzer Hummer, in 2,5 cm große Würfel geschnitten**

CURRYSOSSE

- **1 EL Pflanzenöl**
- **50 g Zwiebeln, gehackt**
- **1 EL Knoblauch, feingehackt**
- **2 TL Garnelenpaste**
- **1 getrocknete Chilischote, ohne Kerne, zerdrückt**
- **2 TL Kreuzkümmelsamen**
- **1 EL Koriandersamen**
- **1 TL getrocknetes Zitronellgras, in Scheiben geschnitten**
- **1 TL gemahlene Galangawurzel (Galgant)**
- **2 TL Zitronenrinde, feingehackt**
- **2 EL Koriandergrün, gehackt**
- **1 TL Salz**
- **1 TL gemahlenes Kurkuma**
- **2 TL Paprika edelsüß**

1 Für die Currysoße Öl bei mittlerer Hitze erwärmen. Zwiebeln und Knoblauch darin etwa 5 Minuten dünsten, bis sie weich sind. Garnelenpaste dazugeben und gründlich glatt rühren. Noch 3 Minuten dünsten und vom Herd nehmen.

2 Chilischote, Kreuzkümmelsamen, Koriandersamen und Zitronellgras zu Pulver zermahlen.

3 Zwiebelmischung in eine Küchenmaschine geben und ganz glatt rühren. Gemahlene Gewürze, Galangawurzel, Zitronenrinde, Koriandergrün, Salz, Kurkuma und Paprika dazugeben. Rühren, bis eine einheitliche Masse entsteht. Das ergibt etwa 50 ml Currysoße.

4 Butter bei mittlerer Hitze schmelzen und Süßkartoffeln hinzufügen. 15 Minuten dünsten; die Kartoffeln dürfen nicht anbrennen.

5 Currysoße und Sherry hineingießen und rühren, bis die Currymischung aufgenommen ist. Hummerwürfel dazugeben und noch 2–3 Minuten weiterkochen.

Makrele im Schweinetopf

CA MA-CA-REN KHO COI THIT BA CHI

FÜR 4 PERSONEN

- **2 große Makrelen, gesäubert**
- **2 Stücke Tofu**
- **Salz**
- **Salz und Pfeffer zum Abschmecken**
- **3 EL Pflanzenöl**
- **100 g Schweinebauch, in fadendünne Streifen geschnitten**
- **100 g schwarze chinesische Pilze, in warmem Wasser eingeweicht und in fadendünne Streifen geschnitten**
- **100 g Bambussprossen, in Scheiben geschnitten**
- **1 rote Chilischote, gehackt**
- **2 Scheiben Ingwerwurzel, gehackt**
- **1 EL dunkle Sojasoße**
- **1 EL Nuoc Mam Soße**
- **½ EL Wein**
- **600 ml Wasser**
- **2 Frühlingszwiebeln, gehackt**

1 Makrele in etwa 2,5 cm dicke Scheiben schneiden.

2 Tofu vorsichtig mit Wasser abspülen und leicht salzen, damit er Wasser und Gewürze annimmt. Halbieren und in Würfel schneiden.

3 Wok erhitzen und 1 EL Öl hineingießen, um die Tofuwürfel zu braten. Beiseite stellen. 1 EL Öl erhitzen und die Makrele braten, bis beide Seiten goldbraun sind.

4 Restliches Öl dazugießen. Schweinebauch, schwarze Pilze, Bambussprossen, Chilischote, Ingwerwurzel, Sojasoße, Nuoc Mam Soße, Wein und Zucker dazugeben und unter ständigem Rühren braten.

5 Inhalt des Woks in eine Tonschüssel oder einen schweren Topf gießen, Wasser dazugeben und bei starker Hitze aufkochen. Hitze bis auf kleine Flamme reduzieren und 20 Minuten schmoren lassen. Abschmecken und Frühlingszwiebeln hinzufügen. Wenn die Zutaten gar sind, im Topf servieren.

Hühner-Gurken-Salat mit Qualle

DUA LEO TRÔN VÓI SUÁ VÀ THIT GA

FÜR 4 PERSONEN

Das Rezept für dieses traditionelle, beliebte Gericht gab mir der Chef des Bonjour Vietnam in der Fulham Road in London.

- **100 g getrocknete Qualle**
- **2 gekochte Hühnerbrüste, in Streifen geschnitten**
- **½ Salatgurke, in dünne Streifen geschnitten**
- **1 EL frische Minze, gehackt**
- **1 EL Koriandergrün, gehackt**
- **geröstete Erdnüsse, zerstoßen, zum Garnieren**

NUOC CHAM SOSSE

- **2 getrocknete scharfe rote Chilischoten, in Stücke geschnitten**
- **1 Knoblauchzehe, gehackt**
- **2 TL Zucker**
- **½ frische Limone**
- **2 EL Nuoc Mam Soße, vermischt mit 4 zerdrückten Anchovis**
- **3 EL Wasser**

1 Für die Soße Chilischoten, Knoblauch und Zucker vermischen und zerstampfen. Limonensaft darüber gießen. Nuoc Mam Soße und Wasser hinzufügen und gründlich umrühren. Beiseite stellen.

2 Qualle in heißem Wasser etwa 30 Minuten einweichen. Herausnehmen und etwa 2 Stunden in kaltes Wasser legen. Dabei ständig ausdrücken, um das Salz zu entfernen.

3 Qualle, Huhn und Gurke mischen. Minze und Koriander dazugeben, Soße darübergießen und unterheben. Mit zerstoßenen Erdnüssen bestreuen.

Gerichte mit Huhn, Ente, Wachtel und Frosch

Hühnerflügel karamelisiert mit Orangensoße

CÁNH GÀ NÂU CA-RA-MEN VÓI XÔT CAM

FÜR 4 PERSONEN

Dieses Gericht sollte ein nussiges, leicht angebranntes Aroma haben; der Zucker darf aber nicht verbrennen.

- **8 Hühnerflügel**
- **Salz und Pfeffer**
- **2 EL Sesamöl**
- **4 EL klarer Honig**
- **4 EL Pflanzenöl**
- **25 g feiner Zucker**
- **in feine Streifen geschnittene, sehr dünn geschälte Orangenschale und Saft von 1 Orange**

1 Hühnerflügel mit Salz und Pfeffer würzen. Sesamöl und Honig verrühren und über die Flügel gießen.

2 Öl in einem schweren Topf erhitzen und Hühnerflügel auf jeder Seite 4 Minuten schmoren, bis sie gerade gar sind. Topf vom Herd nehmen und warm halten. Sud aufheben.

3 Zucker in den Topf geben und ohne Rühren erhitzen, bis der Zucker karamelisiert. Vom Herd nehmen.

4 Orangensaft und Sud dazugeben. Bei schwacher Hitze rühren, bis eine glatte Soße entsteht. Wenn sie zu dick wird, etwas Orangensaft oder Wasser angießen. Die Hälfte der Orangenschale hinzufügen und weiter bei sehr schwacher Hitze kochen.

5 Hühnerflügel auf vorgewärmten Teller geben. Orangensoße über die Flügel gießen und mit den restlichen Orangenstreifen bestreuen.

Hühnerflügel gefüllt

CÁNH GÀ DÔN

FÜR 4 PERSONEN

Dieses Rezept habe ich von Madame Binh vom Thanh Binh in der Chalk Farm Road, London. Ein köstliches und preiswertes Gericht, das eindrucksvoll aussieht.

- **8 Hühnerflügel**

FÜLLUNG

- **100 g Glasnudeln**
- **3 Stücke dunkler Baumohrpilze**
- **275 g Schweinehackfleisch**
- **1 Zwiebel, fein gerieben**
- **1 kleine Möhre, fein gerieben**
- **1 Ei, verschlagen**
- **1 EL Nuoc Mam Soße oder helle Sojasoße**
- **Salz und schwarzer Pfeffer**

1 Hühnerflügel ausbeinen: mit einem scharfen Messer um den Knochen herumschneiden. Flügelspitze festhalten und den Knochen vorsichtig herausziehen, so daß die Haut und eine dünne Schicht Hühnerfleisch zurückbleiben.

2 Nudeln in warmem Wasser 10 Minuten einweichen, gut abtropfen lassen und in kurze Stücke schneiden. Baumohrpilze in warmem Wasser 10 Minuten einweichen, ausdrücken und in dünne Scheiben schneiden.

3 Für die Füllung alle Zutaten miteinander vermischen. Die Füllung sollte fest sein. Füllung zu Kugeln formen und die Kugeln in die Fleischtasche schieben.

4 Ofen auf 200 °C vorheizen (Gas Stufe 6). Die gefüllten Hühnerflügel 10–15 Minuten dämpfen. (Wenn Sie eine große Menge im voraus zubereiten wollen, multiplizieren Sie die Zutaten entsprechend und frieren Sie die Flügel nach dem Dämpfen ein.)

5 Nach dem Dämpfen in eine leicht geölte Grillpfanne legen und im Backofen 30 Minuten braten. Als Vorspeise auf einem Salatbett servieren oder mit Reis und einem kurzgebratenen Rindfleischgericht.

Hühnerschenkel würzig gegrillt

CHÂN GÁ NÂU VÓI GIA VI

FÜR 4 PERSONEN

* **4 Hühnerschenkel, vorzugsweise von Maispoularden**
* **1 EL Sesamöl**

MARINADE

* **2 EL Pflanzenöl**
* **3 Knoblauchzehen, zerdrückt**
* **4 Frühlingszwiebeln, feingehackt**
* **1 Stengel Zitronellgras, feingehackt**
* **2 rote oder grüne Chilischoten, feingehackt oder ½ TL Cayennepfeffer**
* **1 EL Nuoc Mam Soße oder Maggi Flüssigwürze**
* **1 TL Zucker**
* **Salz**

ZITRONENDIP

* **2 TL Salz**
* **schwarzer Pfeffer aus der Mühle**
* **2 Zitronen, geviertelt**

1 Hühnerschenkel auf ein Holzbrett legen und mit einem scharfen Messer mehrmals einstechen. Dadurch nehmen sie die Marinade besser auf, und die Haut reißt nicht so leicht.

2 Für die Marinade Pflanzenöl erhitzen und Knoblauch, Frühlingszwiebeln und Zitronellgras dazugeben. 2–3 Minuten dünsten und abkühlen lassen. Chili, Nuoc Mam Soße, Zucker und Salz unterrühren.

3 Hühnerschenkel in eine flache Schüssel geben und die Marinade darübergießen. Zugedeckt 2 Stunden ziehen lassen; gelegentlich wenden.

4 Hühnerschenkel großzügig mit Sesamöl bepinseln, auf dem Holzkohlengrill oder mittelstark vorgeheiztem Elektrogrill 15–20 Minuten grillen. Häufig wenden und mit Öl bepinseln.

5 Sofort mit Zitronendip und eingelegtem Gemüse servieren. Gäste bereiten ihren Dip selbst zu, indem sie Salz und Pfeffer mischen und mit dem Saft eines Zitronenviertels beträufeln.

Hühnersalat mit Grapefruit, Minze und Zitronellgras

THIT GÀ TRÔN VÓI BUOI, RAU THOM VÀ SA

FÜR 6 PERSONEN

- **Pflanzenöl zum Fritieren**
- **etwa 40 Krabbenchips**
- **1 EL ungesalzene Erdnüsse**
- **1 EL Sesamsaat**
- **25 g getrocknete Garnelen, 30 Minuten in heißem Wasser eingeweicht**
- **50 g Schweinebauch**
- **50 g rohe Garnelen in der Schale**
- **Salz**
- **1 mittelgroße Salatgurke, ungeschält, längs halbiert und entkernt; in dünne Scheiben geschnitten**
- **1 große Möhre, geraspelt**
- **50 g frische Bohnensprossen**
- **25 g gekochtes Hühnerfleisch, in dünne Streifen geschnitten**
- **1 EL gehackte Minze**
- **½ EL gehacktes Zitronellgras**
- **Salz**
- **1 große Grapefruit, geschält, in Segmente geteilt und quer in 2,5 cm große Stücke geschnitten**
- **Korianderzweige zum Garnieren**

EIERPFANNKUCHEN

- **2 Eier**
- **¼ TL Nuoc Mam Soße**
- **schwarzer Pfeffer aus der Mühle**
- **Pflanzenöl**
- **1 Knoblauchzehe, sehr fein gehackt**
- **1 frische rote Chilischote, entkernt und feingehackt**
- **½ EL Zucker**
- **½ EL frischer Limonensaft**
- **½ EL Reisessig**
- **1 ½ EL Nuoc Mam Soße**

1 In einem Wok etwa 5 cm hoch Öl auf 180 °C erhitzen. Immer 2–3 Krabbenchips gleichzeitig ins Öl geben und sie mit Kochstäbchen oder einem Schaumlöffel untergetaucht halten, bis sie aufgegangen sind (etwa 10 Sekunden). Wenden und erneut 10 Sekunden fritieren.

2 Wok abreiben und bei mittlerer Hitze die Erdnüsse darin rösten. Dabei ständig rühren, bis die Erdnüsse goldbraun sind (etwa 5 Minuten). In einer Mühle mahlen oder zwischen zwei Lagen sauberes, festes Papier legen und mit einem Nudelholz oder einer Milchflasche zerdrücken. Sesamsaat 3 Minuten im Wok rösten und grob mahlen.

3 Für die Pfannkuchen Eier, Nuoc Mam Soße und Pfeffer mit ½ TL Wasser in einer Schüssel verrühren. Den Boden einer beschichteten Omelettepfanne mit Öl bepinseln und auf mittlerer Stufe erhitzen. Die Hälfte der Eiermischung hineingießen und gleichmäßig verteilen. Der Pfannkuchen sollte papierdünn werden. Wenden (nach etwa 30 Sekunden), andere Seite noch 15 Sekunden backen. Zweiten Pfannkuchen genauso backen, beiseite stellen.

4 Knoblauch, Chilischote, Zucker, Limonensaft, Essig und Nuoc Mam Soße in eine Schüssel geben und glattrühren. Soße beiseite stellen.

5 Die getrockneten Garnelen gut abtropfen lassen und sehr fein zerkleinern. Beiseite stellen.

6 Schweinebauch mit Wasser bedecken und bei starker Hitze aufkochen lassen. Hitze reduzieren und etwa 30 Minuten kochen, bis der Saft klar heraus läuft, wenn man mit einem Messer hineinsticht. Schweinebauch mit kaltem Wasser abspülen, beiseite stellen.

7 Rohe Garnelen im Wasser kochen, bis sie rosa sind (etwa 2 Minuten). Mit kaltem Wasser abspülen, abtrocknen, schälen, Darm entfernen und längs halbieren. In schmale Streifen schneiden und beiseite stellen.

8 Gurke und Möhre mit Salz bestreuen, 15 Minuten ziehen lassen. Mit kaltem Wasser abspülen und mit den Händen ausdrücken. Das Gemüse soll danach knochentrocken sein, damit es knackig bleibt.

9 Bohnensprossen 30 Sekunden in kochendes Salzwasser tauchen. Mit kaltem Wasser abspülen und gut abtropfen lassen.

10 Eierpfannkuchen in Streifen schneiden. Pfannkuchenstreifen, getrocknete Garnelen, in Streifen geschnittene Garnelen, Huhn, Gurke, Möhre, Bohnensprossen, Minze, Zitronellgras, Grapefruit und Sesamsaat in eine Schüssel geben. Mit den Händen gut vermischen und Salatsoße darübergießen.

11 Salat auf Teller verteilen oder separat reichen und mit gemahlenen Erdnüssen bestreuen. Mit Koriander garnieren. Zum Servieren Krabbenchips reichen, auf die jeder Gast mundgerechte Salatportionen häuft. Oder in ausgehöhlten Grapefruitschalen servieren.

Huhn mit Zitronellgras und Cashewkernen

THIT GÀ XÀO VÓI SA VÀ DÀO LÔN HÔT

FÜR 4 PERSONEN

- **Pflanzenöl**
- **2 kleine getrocknete Chilischoten**
- **1 Knoblauchzehe, gehackt**
- **450 g magere Maispoularde, in Scheiben geschnitten**
- **½ TL Zucker**
- **1 EL Austernsoße**
- **1 EL Nuoc Mam Soße oder helle Sojasoße**
- **3 EL Hühnerfond oder Wasser**
- **50 g geröstete, ungesalzene Cashewkerne**
- **1 EL Zitronellgras, gehackt**
- **2 Schalotten, geviertelt**

1 Mit ein oder zwei Tropfen Öl die Chilischoten unter Rühren braten, bis sie gleichmäßig durch, aber nicht verbrannt sind. Beiseite stellen.

2 Knoblauch mit ein paar Tropfen Öl rührend braten, Hühnerfleischscheiben, Zucker, Austernsoße und Nuoc Mam Soße dazugeben und unter Rühren braten, bis das Hühnerfleisch goldfarben ist. Hitze reduzieren und Fond angießen. Noch ein paar Minuten kochen lassen; dabei gelegentlich umrühren.

3 Wenn das Huhn gar ist, Cashewkerne, Zitronellgras, Schalotten und Chilischoten dazugeben und mehrmals vorsichtig umrühren. Dabei die Chilischoten nicht zerbrechen. Vom Herd nehmen und servieren.

Huhn mit Mango

THIT GÀ VÓI XOAI

FÜR 4 PERSONEN

- **450 g magere Maispoularde, in Würfel geschnitten**
- **1 große Möhre**
- **½ rote Paprika**
- **½ grüne Paprika**
- **100 g Bambussprossen**
- **1 große Mango, reif und fest, in Stücke geschnitten**
- **4 EL Pflanzenöl**

MARINADE

- **½ TL Natron**
- **15 g Zucker**
- **1 Eiweiß, leicht geschlagen**
- **1 EL Maismehl oder Kartoffelmehl**
- **Salz**
- **Wasser**

SOSSE

- **1 TL Salz**
- **1 EL helle Sojasoße**
- **1 EL Austernsoße**
- **1 EL Sesamöl**
- **1 EL Reiswein**
- **½ EL Maismehl oder Kartoffelmehl, mit etwas Wasser angerührt**

1 Für die Marinade alle Zutaten gründlich mischen, anschließend Hühnerstücke hineinlegen. 30 Minuten ziehen lassen.

2 Möhre schälen und putzen; in 2,5 cm lange, streichholzdicke Stifte schneiden. Paprika und Bambussprossen genauso stifteln wie die Möhre. Mangofleisch nach Möglichkeit in kleine, ziemlich dünne, gleichmäßige Stücke schneiden.

3 Öl im Wok erhitzen und Hühnerstücke etwa 2 Minuten braten. Aus dem Öl nehmen und gut abtropfen lassen. Möhre, Paprika, Mango und Bambussprossen portionsweise im heißen Öl fritieren. Herausnehmen und gut abtropfen lassen.

4 Wok abreiben und trocknen; Huhn und Gemüse hineingeben und alle Soßenzutaten außer dem Maismehl hineinrühren. Kurz unter Rühren braten und anschließend mit Maismehl die Soße andicken.

An der Küste Vietnams findet man sonnenverwöhnte Palmenstrände.

Hühnerporridge

CHÁO GÀ

FÜR 4 PERSONEN ODER MEHR

- **50 g Lang- oder Rundkornreis**
- **1,2 l Wasser**
- **225 g Maispoulardenbrust, entbeint und ohne Knochensplitter**
- **1 große Frühlingszwiebel, feingehackt**
- **Salz und schwarzer Pfeffer**
- **Koriandergrün, gehackt, zum Garnieren**

MARINADE

- **2 EL Nuoc Mam Soße oder Maggi Flüssigwürze**
- **1 TL Maismehl, mit 2 EL Wasser verrührt**
- **2 EL trockener Sherry**
- **Salz**

1 Reis abspülen und trocknen. Wasser hinzufügen und bei starker Hitze aufkochen. Hitze auf mittlere Stufe reduzieren, Topf halb abdecken und 5 Minuten sprudelnd kochen lassen. Dadurch löst sich die Stärke; Wasser und Reis werden miteinander verbunden. Reis umrühren und Hitze reduzieren, Topf abdecken und 1 Stunde köcheln lassen.

2 Huhn 30 Minuten in der Marinade ziehen lassen. Zu dem Porridge geben und vorsichtig umrühren. So lange weitermachen, bis das Huhn nicht mehr rosa ist. Herd abschalten und zugedeckt einige Minuten ziehen lassen; dann servieren. Wegen der Würze mit Koriander und Frühlingszwiebel garnieren; nach Geschmack mit Salz und Pfeffer abschmecken.

Huhn gekocht mit Nuoc Mam Soße

THIT GÀ LUÔC VÓI NUÓC MÂM

FÜR MINDESTENS 6 PERSONEN

- **1 großes Huhn aus Freilandhaltung oder 1 Maispoularde**
- **ca. 2,5 l Wasser**
- **2 Scheiben geschälte Ingwerwurzel, 2,5 x 5 mm**
- **2 EL Nuoc Mam Soße oder helle Sojasoße, vermischt mit 1 TL Anchovisessenz oder 4 zerdrückten Anchovis**
- **12 getrocknete schwarze chinesische Pilze**
- **1 EL trockener Sherry**
- **Salz**

DIPS

- **1 EL helle Sojasoße**
- **1 EL Sesamöl**
- **1 EL Nuoc Mam Soße oder Maggi Flüssigwürze, vermischt mit ½ TL Anchovisessenz oder 2 zerdrückten Anchovis**

1 Fett aus dem Inneren des Huhns entfernen und wegwerfen. Bürzel abschneiden, Huhn in kaltem Wasser abspülen. Einen großen Topf mit Wasser bei starker Hitze zum Kochen bringen und Huhn hineingeben. Wenn das Wasser wieder kocht, Huhn 1 Minute kochen lassen, damit die Haut fest wird. Herausnehmen und kurz unter fließendem warmen Wasser abspülen, um eventuellen Schaum abzuwaschen.

2 2,5 l Wasser mit Ingwerscheiben und Nuoc Mam Soße in einem großen Topf zum Kochen bringen. Das Huhn soll möglichst genau in den Topf passen. Huhn hineinlegen; sobald das Wasser wieder kocht, Hitze reduzieren, 1 ½ Stunden zugedeckt köcheln lassen. Das Huhn gelegentlich wenden, damit es gleichmäßig gar wird.

3 In der Zwischenzeit die schwarzen Pilze in warmem Wasser 20 Minuten einweichen. Ausdrücken und kalt abspülen; mehrere Male wiederholen. Stiele abschneiden und wegwerfen. Pilze nach 30 Minuten Kochzeit zur Suppe geben. Wenn das Huhn gar ist, Sherry angießen und nach Wunsch mit Salz abschmecken.

4 Huhn ganz in der Suppe servieren; die Dips werden auf verschiedenen Tellern gereicht. Gäste nehmen sich mit der Gabel oder mit Stäbchen Fleischstücke aus dem Huhn und legen sie in ihre Schüsseln mit Fond und Pilzen. Reste des Hühnerfleisches können für verschiedene Gerichte verwendet werden.

Poulet Citron

GÀ NÂU CHANH

FÜR 4 PERSONEN

- **2 Limonen oder 3 Zitronen**
- **½ TL Knoblauch, zerdrückt**
- **1 EL Ingwerwurzel, gehackt**
- **2 EL Zitronengras, gehackt**
- **¼ TL zerdrückte rote Pfefferflocken**
- **1 EL Nuoc Mam Soße**
- **1 großes Huhn, vorzugsweise Maispoularde**
- **¼ TL Cayennepfeffer**
- **Salz**

1 Ofen auf 200 °C vorheizen (Gas Stufe 6). Mit dem Kartoffelschäler eine Limone dünn schälen. Schale hacken und mit dem Knoblauch, Ingwer, Zitronellgras, roten Pfefferflocken und Nuoc Mam Soße mischen.

2 Mit den Fingern vorsichtig die Haut über Brust und Beinen des Huhns lösen. Die vorbereitete Würzmischung so gleichmäßig wie möglich unter der Haut verteilen.

3 Cayennepfeffer und Salz mischen. Einen Teil der Mischung ins Innere des Huhns streuen und mit dem Rest die Haut einreiben. Beide Limonen – geschält und ungeschält – ringsherum mit einer Gabel einstechen. Ins Innere des Huhns legen.

4 Das Huhn mit der Brust nach unten in einen Bräter legen (nicht auf ein Gitter) und 30 Minuten braten. Dann umdrehen und eine Stunde weiterbraten. Alle 15 Minuten mit dem Sud im Bräter übergießen.

5 Wenn das Huhn gar ist, 5 Minuten ruhen lassen. Aus dem Bräter nehmen, Limonen entfernen und Huhn in mundgerechte Stücke schneiden.

Hühnerfüße geschmort mit Pilz- und Frühlingszwiebelsoße

CHAN GÀ HẤP ĂN VỚI XỐT NẤM HÀNH LÁ

FÜR 4 PERSONEN

Dieses Gericht scheint widerwärtig, gehört aber in den vietnamesischen Restaurants von Paris zu den teuersten.

- **50 g chinesische Pilze**
- **Salz**
- **2/3 TL Zucker**
- **Pflanzenöl zum Fritieren**
- **12 Hühnerfüße, abgebürstet und ohne Krallen**
- **2 EL dunkle Sojasoße**
- **3 Scheiben Ingwerwurzel, geschält**
- **2 Frühlingszwiebeln**
- **2 Knoblauchzehen**
- **Petersilie zum Garnieren**

GEWÜRZE

- **1 EL Weißwein**
- **100 ml Pilzwasser**
- **1 TL helle Sojasoße**
- **1 TL Austernsoße**
- **1 TL Nuoc Mam Soße (nach Wunsch)**
- **1 TL Zucker**
- **¼ TL schwarzer Pfeffer**
- **Salz**
- **1 TL Maismehl mit etwas Wasser vermischt**

1 Getrocknete chinesische Pilze waschen und 2 Stunden einweichen. Wasser ausdrücken und für den Fond aufheben. Pilze ½ Stunde mit Salz, Zucker und 1 EL Öl marinieren. 12 Minuten dämpfen.

2 Hühnerfüße in kochendem Wasser 5 Minuten blanchieren. Herausnehmen und mit dunkler Sojasoße ringsherum bedecken. In heißem Öl goldbraun fritieren. Abtropfen lassen; 2 EL Öl zurückbehalten.

3 Ingwer, Frühlingszwiebeln und Knoblauch fein hacken. Zurückbehaltenes Öl in einer Kasserole erhitzen und Ingwer, Frühlingszwiebeln und Knoblauch sautieren, bis das Aroma freigesetzt wird. Hühnerfüße dazugeben und unter Rühren braten.

4 In einer Kasserole Wein zum Köcheln bringen; Pilzwasser und die Gewürze außer dem Maismehl dazugeben. 1 Stunde schmoren. Pilze hinzufügen, erneut 15 Minuten köcheln lassen. Deckel abnehmen und die Soße mit Maismehl andicken. Heiß in der Kasserole servieren, mit Petersilie garniert. Die Gäste lutschen das Fleisch von den Füßen.

Ente mit Knoblauch gebraten

VIT NÚONG TOI

FÜR 4 PERSONEN

- **1 EL Nuoc Mam Soße oder helle Sojasoße**
- **100 ml roter Weinessig**
- **1 Zwiebel, gehackt**
- **12 Wacholderbeeren, zerdrückt**
- **2 TL Fenchelsamen**
- **1 Knoblauchzehe, zerdrückt**
- **4 Portionen Entenbrust und -flügel**
- **150 g Naturjoghurt**
- **Salz, schwarzer Pfeffer**
- **Brunnenkresse zum Garnieren**

1 Nuoc Mam Soße, Essig, Zwiebel, Wacholderbeeren, Fenchelsamen und Knoblauch in einer großen Schüssel gründlich mischen und die Entenstücke damit einreiben. Mit Folie bedecken und 8 Stunden im Kühlschrank ziehen lassen; gelegentlich wenden.

2 Ofen auf 220 °C (Gas Stufe 7) vorheizen. Entenstücke gut abtropfen lassen, Marinade auffangen. Stücke mit der Haut nach unten in eine feuerfeste Form füllen. 30 Minuten im Ofen braten; dabei mindestens einmal mit Fett begießen. Ofen ausschalten und Ente darin stehen lassen.

3 225 ml Marinade in einen heißen Topf geben und zugedeckt mindestens 5 Minuten köcheln lassen. Filtern, Joghurt unterrühren, mit Salz und schwarzem Pfeffer abschmecken.

4 Ente auf einem Teller servieren und mit Brunnenkresse garnieren. Die Soße wird separat in einer Schüssel gereicht. Wenn Gäste wenig Erfahrung mit Stäbchen haben, die Ente in mundgerechte Stücke schneiden.

Ente mit Ingwersoße

THIT VIT VÓI XÔT GÙNG

FÜR 4 PERSONEN

- ✶ **450 g Ho Chi Minh Ente**
- ✶ **Pflanzenöl zum Braten**
- ✶ **12 dünne Scheiben Ingwerwurzel, geschält und in feinste Streifen geschnitten**
- ✶ **1 ½ EL scharfe Sojapaste**
- ✶ **1 ½ EL süße Sojapaste oder Hoisinsoße**
- ✶ **1 ½ TL Reiswein**
- ✶ **1 ½ EL Nuoc Mam Soße (nach Wunsch)**
- ✶ **1 TL feingehackter Knoblauch**
- ✶ **1 EL Chiliöl**
- ✶ **1 TL Zucker**
- ✶ **Salz**
- ✶ **225 ml Hühnerfond**
- ✶ **1 rote Frühlingszwiebel, in feinste Streifen geschnitten**
- ✶ **1 rote Chilischote (frisch und in feinste Streifen geschnitten oder getrocknet und zerstoßen)**
- ✶ **2 TL Maismehl, mit etwas Wasser angerührt**

HO CHI MINH ENTE

- ✶ **Salz**
- ✶ **1 Prise Fünf-Gewürze-Pulver**
- ✶ **½ TL Ingwerwurzel, feingehackt**
- ✶ **½ TL Knoblauch, feingehackt**
- ✶ **½ TL scharfe Sojapaste**
- ✶ **1 ofenfertige Ente (etwa 3–4 Pfund)**
- ✶ **100 ml heißes Wasser**
- ✶ **3 EL Weinessig**
- ✶ **15 g Zucker**
- ✶ **rote Lebensmittelfarbe**

1 Für die Ho Chi Minh Ente Salz, Fünf-Gewürze-Pulver, Ingwer, Knoblauch und Sojapaste mischen. Die Ente innen damit bestreichen und an beiden Enden zunähen. Restliche Zutaten gut vermischen und die ganze Ente außen damit bepinseln. Dann die Ente mit der Brust nach oben 7 Stunden auf einem Gitter an einem kühlen Ort trocknen lassen.

2 Ofen auf 200 °C (Gas Stufe 6) vorheizen. Das Gitter mit der Ente in einen Bräter stellen und 1 Stunde braten. Wenn die Haut verkohlt, Hitze reduzieren. (Ideal ist es, wenn die Ente auf orientalische Art, also aufrecht gebraten wird, aber bei den meisten Backöfen ist das nicht möglich. Die Ente auf dem Rücken zu braten, ist die zweitbeste Lösung.)

3 Das gare Entenfleisch in großen Stücken von den Knochen lösen und in gleichmäßige Stückchen schneiden (1 x 2,5 cm). Öl im Wok erhitzen, bis es raucht, die Entenstücke unter Rühren einige Minuten braten. Beiseite stellen, gut abtropfen lassen.

4 Wok leeren und auswischen, erneut Öl erhitzen und den Ingwer unter Rühren kräftig anbraten. Sojapasten dazugeben, Entenstücke wieder in den Wok füllen und anschließend Reiswein, Nuoc Mam Soße, Knoblauch, Chiliöl, Zucker und Salz einrühren. Noch einige Minuten unter Rühren braten.

5 Hühnerfond angießen. Sobald er zu kochen anfängt, Hitze reduzieren und offen 5 Minuten köcheln lassen. Hitzezufuhr erhöhen, Frühlingszwiebeln und Chili hinzufügen und 1 Minute stark kochen; dann Maismehl einrühren.

Ente knusprig gebraten mit Pfannkuchen und frischen Kräutern

THIT VIT QUAY ĂN VÓI BÁNH GIÒ VÀ RAU GIA VI

FÜR 4 PERSONEN

- **450 g Ho Chi Minh Ente (siehe Ente mit Ingwersoße, Seite 69)**
- **14 Weizenpfannkuchen (in einem asiatischen Lebensmittelladen oder in guten Feinkostgeschäften erhältlich) oder**
- **225 g Mehl**
- **125 g gekochtes, leicht abgekühltes Wasser**
- **½ EL kaltes Wasser**
- **1 TL Sesamöl**

GEMÜSEPLATTE

- **1 Bund Frühlingszwiebeln, in 5 cm lange Stücke geschnitten**
- **50 g Koriandergrün**
- **50 g frische Minze**
- **50 g frisches Basilikum**
- **½ Salatgurke, in Streifen geschält (abwechselnd 1 Streifen geschält und 1 ungeschält), längs halbiert und quer in dünne Scheiben geschnitten**
- **275 g frische Bohnensprossen**
- **süße Pflaumensoße als Beilage (erhältlich in großen Supermärkten und Feinkostgeschäften)**

1 Für die Pfannkuchen Mehl in eine Rührschüssel sieben. Gekochtes Wasser hineingießen, rasch verrühren und kaltes Wasser dazugeben. Wenn die Masse ausreichend abgekühlt ist, mit den Händen einen Teig kneten, mit einem Tuch abdecken und 30 Minuten ruhen lassen.

2 Danach auf einem leicht bemehlten Brett durchkneten, zu einer schmalen Rolle formen und in 2,5 cm dicke Scheiben schneiden (ergibt etwa 14 Stück). Mit dem Handballen zu Kreisen von etwa 6 cm Durchmesser formen.

3 Die Hälfte der Stücke mit dem Sesamöl bepinseln. Die andere Hälfte drauflegen, so daß man 7 doppelte Pfannkuchen erhält. Mit einem leicht bemehlten Nudelholz jedes Stück auf etwa 15 cm Durchmesser ausrollen. Dabei umdrehen, damit sie gleichmäßig rund werden.

4 1–2 Minuten in einer schweren, ungeölten Pfanne backen, bis sie hellbraun werden. Umdrehen und noch 1–2 Minuten backen. Die Pfannkuchen gehen dabei auf.

5 Herausnehmen und die zwei dünnen Pfannkuchen voneinander trennen. Auf einen Teller legen und mit einem Tuch vor dem Austrocknen schützen. Alle Pfannkuchen direkt vor dem Servieren noch 7 Minuten im Dämpftopf dämpfen.

6 Ente auf einer Platte, Gemüse separat anrichten. Pflaumensoße in ein Schüsselchen geben. Pfannkuchen auf einen flachen Teller legen. Gäste nehmen sich einen Pfannkuchen, bestreichen ihn mit einem Teelöffel Pflaumensoße und legen etwas Ente und Gemüse darauf.

Enteneintopf mit Klößen

VIT TÌM ĂN VÓI BÁNH HÂP

FÜR 4 PERSONEN

- **1 Ente (4–5 Pfund)**
- **1 TL Ingerwurzel, geschält und sehr fein gehackt**
- **Salz und schwarzer Pfeffer**
- **2 EL trockener Sherry**
- **4 x 2,5 cm große Scheiben Ingwerwurzel, geschält**
- **1 große, ganze Frühlingszwiebel**
- **100 g Schinken in Scheiben**
- **225 g Bambussprossen, in 2,5 cm lange Stücke geschnitten**
- **Salz**

KLÖSSE

- **225 g Mehl**
- **225 ml kochendes Wasser**
- **450 g Schweinehackfleisch**
- **100 g Garnelen, geschält, Darm entfernt**
- **175 g Weißkraut, feingehackt**
- **Salz**
- **2 x 2,5 cm große Scheiben Ingwerwurzel, geschält**
- **1 Frühlingszwiebel, feingehackt**
- **2 EL helle Sojasoße**
- **2 EL trockener Sherry**
- **½ TL Zucker**
- **1 EL Sesamöl**
- **1 EL Maismehl, aufgelöst in 3 EL Wasser**
- **schwarzer Pfeffer**
- **Mehl**

1 Fett aus dem Inneren der Ente entfernen, Bürzel und überstehende Haut am Hals wegschneiden. Ente abspülen und gut trocknen. Ingwer, Salz und schwarzen Pfeffer mischen und die Ente innen und außen gut damit einreiben. 1 Stunde ruhen lassen.

2 Ente in eine große Kasserole geben, Sherry, Ingwerscheiben und Frühlingszwiebel dazugeben und zugedeckt bei mittlerer Hitze zum Kochen bringen. Hitze reduzieren, Schaum abschöpfen und genug Flüssigkeit hinzufügen, damit die Ente nicht anbrennt. Hitze so weit reduzieren, daß die Ente nur ganz sanft köchelt. Zugedeckt 3 Stunden köcheln lassen.

3 Für die Klöße Mehl in eine große Schüssel geben und nach und nach mit einem Holzlöffel kochendes Wasser einrühren. Dabei nicht vom merkwürdigen Aussehen der Masse irritieren lassen.

4 Hackfleisch in einer zweiten Schüssel mit dem Löffel zerteilen. Garnelen der Länge nach halbieren und in 8 mm große Stücke schneiden. Dann mit dem Schweinehackfleisch mischen.

5 Weißkrautblätter längs in schmale Streifen schneiden und quer würfeln. Fein hacken, mit dem Salz mischen und 5 Minuten ruhen lassen. Ausdrücken und zur Fleischmischung geben. Restliche Zutaten außer dem Mehl ebenfalls zum Fleisch geben. Rühren, bis eine gleichmäßige Masse entsteht. Mischung in 16 Portionen teilen.

6 Teig einige Minuten weich und glatt kneten; wenn nötig mit Mehl bestäuben. Zu einer 40 cm langen Rolle formen und mit einem scharfen Messer in 2,5 cm dicke Scheiben schneiden. Die Scheiben mit Ober- und Unterseite in Mehl tauchen und mit den Handflächen zu kleinen, runden Kuchen formen. Danach zu runden Teighüllen von 10 cm Durchmesser ausrollen.

7 Eine Teighülle auf die Handfläche legen und mit der anderen Hand eine Portion der Füllung daraufgeben. Mit einem Tafelmesser verteilen; dabei ringsherum einen Rand von 1 cm lassen. Teighülle hochschlagen, so daß der Rand in der Mitte hochsteht; fest zusammendrücken, um ein „Körbchen" zu formen. Mit dem Messerrücken etwa 10 Einbuchtungen in jedes Körbchen drücken, damit die Füllung gut verteilt bleibt. Klöße auf einen Teller legen und bei mittlerer Hitze 20 Minuten dämpfen. Beiseite stellen.

8 Nach 3 Stunden Kochzeit Fett von der Kasserole abschöpfen und weggießen. Schinken, Bambussprossen und Klöße hineingeben. Zugedeckt noch einmal 5–10 Minuten köcheln lassen. Mit Salz abschmecken.

9 In der Kasserole servieren. Gäste bedienen sich selbst und reißen mit den Stäbchen Fleischstücke von der Ente ab. Wenn die Gäste im Gebrauch der Stäbchen unsicher sind, Entenfleisch in der Küche von den Knochen lösen, in Stücke schneiden und vor dem Servieren noch einmal im Fond aufkochen. Am Tisch für jeden Gast in ein Suppenschälchen füllen.

Wachtel in Honig mariniert

CHIM CÚT UÓP VÓI MÂT ONG

FÜR 4 PERSONEN

- **1 TL Koriandersamen, leicht zerdrückt**
- **2 EL klarer Honig**
- **2 Zwiebeln, in Ringe geschnitten**
- **300 ml trockener Apfelwein**
- **300 ml Chiliessig**
- **8 Wachteln**
- **25 g Butter**
- **30 ml Pflanzenöl**
- **Salz, schwarzer Pfeffer aus der Mühle**
- **gehackte Petersilie zum Garnieren**

1 Koriander, Honig, Zwiebel, Apfelwein und Essig in einer großen Schüssel mischen (keine Metallschüssel). Wachteln hineinlegen und über Nacht ziehen lassen.

2 Ofen auf 180 °C (Gas Stufe 4) vorheizen. Wachteln gut abtropfen lassen und mit Küchenpapier trockentupfen. Marinade aufheben. Butter und Öl in einer großen Kasserole erhitzen. Wachteln mit Salz und Pfeffer würzen und je 4 auf einmal hineingeben. Von beiden Seiten bräunen.

3 Alle Wachteln in die Kasserole geben und die Marinade darübergießen. Zugedeckt im Ofen etwa 40–45 Minuten braten, bis sie gar sind. Gelegentlich mit Fett begießen. Auf gehackter Petersilie servieren.

Wachteleier gedämpft mit Tofu und Gemüse

RAU VÀ DÂU PHU TRON TRUNG

FÜR 4 PERSONEN

Dieses Rezept stammt vom angesehenen langjährigen Chefkoch des Restaurants Mekong of Pimlico in London.

- **1 Stück Tofu, in 6 Stücke von 1 cm geschnitten**
- **6 EL Pflanzenöl**
- **10 Strohpilze oder feste Champignons**
- **8 Wachteleier, hartgekocht und geschält**
- **1 Frühlingszwiebel, in 2,5 cm lange Stücken**
- **2 Stücke Bambussprossen aus der Dose, in 2,5 cm große Würfel geschnitten**
- **4 TL Satésoße (Fertigprodukt)**
- **1 TL Maismehl**
- **1 EL Nuoc Mam Soße oder helle Sojasoße**
- **2 TL Zucker**
- **100 ml Wasser**

1 Tofu in 4 EL heißem Öl braun braten; er soll dabei nicht anhängen. Beiseite stellen und Öl weggießen.

2 Restliches Öl in eine kleine Kasserole mit fest schließendem Deckel geben. Bei mittlerer Hitze erwärmen. Strohpilze, Wachteleier, Frühlingszwiebel, Tofu, Bambussprossen und Satésoße hinzufügen.

3 Maismehl, Nuoc Mam Soße und Zucker zu einer glatten Paste verrühren. Mit dem Wasser mischen. In die Kasserole gießen und zugedeckt 4 Minuten dämpfen.

Froschschenkel gebraten mit Knoblauchsoße

CHÂN ÊCH CHIÊN VÓI XÔT TOI

FÜR 4 PERSONEN

- **4 Paar große Froschschenkel (etwa 450 g), geputzt**
- **1 Stengel Zitronellgras, 1 Stunde in warmem Wasser eingeweicht und feingehackt**
- **2 frische rote Chilischoten, in Ringe geschnitten**
- **2 Frühlingszwiebeln, in Ringe geschnitten**
- **2 Knoblauchzehen, zerdrückt**
- **1 ½ TL Zucker**
- **Salz**
- **2 EL Nuoc Mam Soße oder Maggi Flüssigwürze, vermischt mit 1 zerdrückten Knoblauchzehe**
- **50 g Glasnudeln**
- **2 EL Pflanzenöl**
- **1 kleine Zwiebel, gehackt**
- **225 ml Hühnerfond oder Wasser**
- **100 ml Kokoscreme oder Creme double**
- **1 EL Maismehl, mit etwas Wasser angerührt**
- **schwarzer Pfeffer aus der Mühle**
- **Korianderzweige zum Garnieren**

1 Froschschenkel in mundgerechte Stücke hacken und unter kaltem Wasser abspülen, damit keine Knochensplitter mehr im Fleisch sind. Trockentupfen und in den Kühlschrank legen.

2 Zitronellgras, Chilischoten, Frühlingszwiebeln, Knoblauch, Zucker, Salz und 1 EL Nuoc Mam Soße mit dem Mixer oder der Küchenmaschine zu einer feinen Paste zerkleinern. Mit der Paste die Froschschenkel einreiben und zugedeckt noch einmal 30 Minuten in den Kühlschrank stellen.

3 Glasnudeln in warmem Wasser 30 Minuten einweichen. Abtropfen lassen und in 5 cm lange Stücke schneiden.

4 Öl im Wok bei mittlerer Hitze heiß werden lassen. Zwiebel sautieren, bis sie weich ist; dann Froschschenkel hinzufügen und gut bräunen. Von Zeit zu Zeit wenden. Das dauert etwa 3 Minuten. Hühnerfond angießen und aufkochen. Hitze reduzieren, zugedeckt 15 Minuten köcheln lassen.

5 Deckel vom Wok nehmen und Kokoscreme, Maismehl und restliche Nuoc Mam Soße hinzufügen. Gut rühren, während die Soße eindickt. Noch einmal 15 Minuten köcheln lassen.

6 Glasnudeln in den Wok geben und Mischung aufkochen. Vom Herd nehmen, mit schwarzem Pfeffer bestreuen und mit Korianderzweigen garnieren.

7 Sofort mit Reis, Reisnudeln oder französischem Weißbrot servieren. Es ist ratsam, zu diesem Essen eine Alternative anzubieten, weil einige Zyniker nicht glauben wollen, daß Froschschenkel ähnlich wie Huhn schmecken.

Froschschenkel gebraten mit Knoblauchsoße. ≫

Froschschenkel gebraten mit Bananen

CHÂN ÊCH CHIÊN ĂN VÓI CHUÔI

FÜR 4 PERSONEN

- **8 Paar Froschschenkel**
- **3 EL Erdnußöl**
- **2 Knoblauchzehen, zerdrückt**
- **1 EL trockener Sherry**
- **1 EL Nuoc Mam Soße oder helle Sojasoße**
- **Maismehl**
- **Pflanzenöl zum Braten**
- **1 grüne Paprikaschote, in Streifen geschnitten**
- **1 rote Chilischote, gehackt**

BANANENRÜHRTEIG

- **50 g Mehl mit Backpulverzusatz**
- **150 g Mehl**
- **Salz**
- **¼ TL Backpulver**
- **1 Eiweiß, steif geschlagen**
- **Pflanzenöl**
- **4 Bananen**

1 Froschschenkel ganz in eine Schüssel legen. 2 EL Erdnußöl, Knoblauch, Sherry und Nuoc Mam Soße mischen und hineingeben. Mit etwas Maismehl bestäuben und gut mischen. Mindestens 2 Stunden im Kühlschrank ziehen lassen.

2 Pflanzenöl in einem großen Topf erhitzen und die Froschschenkel darin 5 Minuten ausbacken. Nicht anbrennen lassen.

3 In einem anderen Topf oder Wok restliches Erdnußöl erhitzen. Paprika und Chilischote hinzufügen. Die Schenkel rasch zu Paprika und Chili geben, gründlich darin wenden und herausnehmen.

4 Für den Bananenteig Mehl mit Salz und Backpulver in eine Schüssel sieben. Genug Wasser dazugeben, damit eine flüssige Paste entsteht. Steif geschlagenes Eiweiß vorsichtig unterheben.

5 7,5 cm hoch Öl im Wok erhitzen. Bananen schälen, längs halbieren und in den Teig tauchen. Ins heiße Öl geben und nach und nach braten, bis der Teig goldbraun und aufgegangen ist. Auf Küchenpapier abtropfen lassen und mit den Froschschenkeln servieren.

SCHWEINE-FLEISCH-GERICHTE

Schweinehackfleisch gedämpft mit Salzfisch

THIT LON XAY HÂP VÓI CÁ MUÔI

FÜR 4 PERSONEN

- **50 g Salzfisch**
- **1 EL Nuoc Mam Soße oder helle Sojasoße**
- **1 TL Zucker**
- **450 g mageres Schweinehackfleisch**
- **1 EL Sesamöl**

ZUM WÜRZEN

- **1 EL Frühlingszwiebeln, sehr fein gehackt (nur die Zwiebel, kein Grün)**
- **1 EL dunkle Sojasoße**
- **2 TL Reiswein oder trockener Sherry**
- **½ TL Zucker**
- **Salz und schwarzer Pfeffer aus der Mühle**
- **1 EL Sesamöl**
- **1 Ei, gut verschlagen**
- **1 EL Maismehl**
- **2 gestrichene TL Weizenmehl**

1 Salzfisch über Nacht einweichen; mindestens einmal das Wasser wechseln. Dunkle Haut abziehen, wegwerfen. Salzfisch in feine Streifen schneiden, abspülen und ausdrücken, bis er trocken ist. Grob hacken und mit der Nuoc Mam Soße und Zucker in einer Rührschüssel umrühren und beiseite stellen.

2 Schweinehackfleisch glatt klopfen. In eine Rührschüssel geben und Frühlingszwiebeln, Sojasoße, Reiswein, Zucker, Salz, schwarzen Pfeffer und Sesamöl hinzufügen. Gründlich vermischen, bis eine einheitliche Masse entsteht. Ei nach und nach dazugeben, dabei ständig weiterrühren. Mit Mais- und Weizenmehl bestäuben und so lange rühren, bis das Mehl sich mit der Fleischmischung verbunden hat. In 16 Portionen teilen.

3 Salzfisch ausdrücken, um restliche Feuchtigkeit herauszupressen. Mit 1 EL Sesamöl gut vermischen. In 16 Portionen teilen.

4 Handflächen mit Öl einfetten und eine Fleischportion auf die Handfläche legen. Mit den Fingern der anderen Hand flach drücken. Eine Portion Salzfisch in die Mitte legen und Fleisch darüberfalten. Vorsichtig zu einem Kloß formen. Auf diese Art 16 Klöße herstellen.

5 Die Klöße bei starker Hitze mindestens 15 Minuten dämpfen und mit dem Fleischsud auf einen Servierteller geben. Köstlich.

Schweinehackfleischsalat mit Garnelen, Ananas und Fischsoße

THIT LON, TÔM XAY TRÔN DÚA ĂN VÓI NUÓC XÔT CÀ

FÜR 4 PERSONEN

- **450 g frisches Schweinehackfleisch (sehr fein gehackt)**
- **2 EL Wasser**
- **225 g Garnelen, gekocht**
- **2 EL Zitronensaft**
- **2 EL Nuoc Mam Soße oder 1 EL helle Sojasoße bzw. Maggi Flüssigwürze, vermischt mit ½ TL Anchovisessenz oder 2 zerdrückten Anchovis**
- **½ TL getrocknete Chilischoten, gemahlen**
- **1 TL frische rote Chilischote, in feine Ringe geschnitten**
- **2 EL Zwiebel, in feine Ringe geschnitten**
- **2 EL Frühlingszwiebeln, in 1 cm lange Stücke geschnitten**
- **2 EL geröstete Erdnüsse**
- **2 Scheiben Ananas, grob gehackt**
- **2 EL Ingwerwurzel, in dünne Scheiben geschnitten**
- **1 El frische Minzeblätter, gehackt**
- **2 EL Koriandergrün (Blätter und Stiele), gehackt**
- **6 große Salatblätter**

GARNIERUNG

- **geröstete Erdnüsse**
- **1 EL Ingwerwurzel, in dünne Scheiben geschnitten**
- **1 Prise getrocknete, gemahlene Chilischote**
- **frische rote Chilischote, in Ringe geschnitten**
- **Minzezweige**
- **Korianderzweige**
- **Frühlingszwiebellöckchen (siehe Seite 14)**
- **Chiliblüten (siehe Seite 16)**

1 Schweinehackfleisch mit dem Wasser im Wok bei mittlerer Hitze kochen, bis das Fleisch gar, aber noch fest und saftig ist. Vom Herd nehmen.

2 Garnelen, Zitronensaft, Nuoc Mam Soße und getrocknete und frische Chilischoten unterrühren. Zwiebel, Frühlingszwiebeln, Erdnüsse, Ananas, Ingwer, Minze und Koriandergrün hinzufügen. Leicht unterheben.

3 Auf einem Bett aus Salatblättern anrichten. Mit Erdnüssen, Ingwer, Chilischoten, Minz- und Korianderzweigen, Frühlingszwiebellöckchen und Chiliblüten garnieren.

In Vietnam gibt es zahlreiche Tempel, die gut besucht sind.

Schweinefleisch vietnamesisch au Caramel

THIT LON NÂU CA-RA-MEN KIÊU VIÊT NAM

FÜR 4 PERSONEN

- **50 g Zucker**
- **2 EL Wasser**
- **450 g Schweinefleisch aus der Keule, in große Würfel geschnitten**
- **3 weiße, chinesische Rettiche, geschält und in dünne Scheiben geschnitten**
- **½ Zwiebel, gehackt**
- **75 ml Nuoc Mam Soße oder helle Sojasoße**
- **schwarzer Pfeffer aus der Mühle**

1 Zucker in den Wok geben und langsam erhitzen, bis es angebrannt riecht. Wasser sorgfältig einrühren, damit die Zutaten sich verbinden.

2 Schweinefleisch und Rettiche dazugeben und mit Wasser bedecken. Mit restlichen Zutaten zum Kochen bringen. Hitze reduzieren und zugedeckt etwa 1 Stunde köcheln lassen, bis das Schweinefleisch gar ist.

Schweinsfußeintopf

CHÂN MÓNG LON HÂM

FÜR 4 PERSONEN

- **1 kg Schweinsfüße, gewaschen, blanchiert und in 4–5 cm große Stücke gehackt**
- **1,2 l Hühner- oder Schweinsfond**
- **1 große Zwiebel, in Ringe geschnitten**
- **3 gekochte Kartoffeln, geviertelt**
- **3 Tomaten, gewürfelt**
- **50 g grüne Bohnen oder ähnliches Gemüse, in Scheiben geschnitten**
- **3 EL Bohnensprossen**

VIETNAMESISCHES BOUQUET GARNI

- **2 große Stangen Sellerie mit Blättern, grob gehackt**
- **6 kleine Korianderpflanzen mit Wurzeln, grob gehackt**
- **2 große Stengel Zitronellgras, gehackt**
- **6 große Knoblauchzehen, feingehackt**
- **1 Zimtstange**
- **2 Sterne Anis**
- **1 EL schwarze Pfefferkörner**

ZUM GARNIEREN

- **3 EL Koriandergrün, gehackt**
- **3 EL Frühlingszwiebeln, gehackt**

1 Schweinsfüße in einen großen Topf geben und zum Kochen bringen. 20–30 Minuten kochen lassen, bis das Fleisch sich von den Knochen löst. Abtropfen lassen.

2 Fleisch wieder in den gereinigten Topf geben und Fond angießen. Das Fleisch soll bedeckt sein; eventuell noch etwas Wasser dazugeben. Aufkochen. Bouquet garni in ein Tuch wickeln und zu einem kleinen Bündel schnüren. Wenn der Fond zu kochen beginnt, bouquet garni in den Topf geben. 10 Minuten köcheln lassen, bis er die richtige Konsistenz hat (ganz leicht angedickt).

3 Zwiebel, Kartoffeln und Tomaten hinzufügen und noch köcheln lassen, bis sie gut warm sind, sich aber noch nicht auflösen. Kurz vor dem Servieren die Bohnen dazugeben und gerade so lange kochen, bis sie gar, aber noch knakkig sind.

4 Bouquet garni herausnehmen und Bohnensprossen einrühren. Eintopf mit Kräutern garnieren.

Schweinsfüße gegrillt

CHÂN MÓNG LON NUÓNG

FÜR 4 PERSONEN

- **4 EL fermentierte schwarze Bohnen, 6 Minuten in kaltem Wasser eingeweicht und abgetropft**
- **5 cm Ingwerwurzel, geschält und gehackt**
- **4 Knoblauchzehen, gehackt**
- **2 große rote Chilischoten, gehackt oder ½ TL Chilipulver**
- **2 TL brauner Zucker**
- **1 EL Nuoc Mam Soße oder 1 EL helle Sojasoße, 1 TL Anchovisessenz oder 4 zerdrückte Anchovis**
- **2 EL Zitronensaft**
- **2 EL Erdnußöl**
- **2 EL Wasser**
- **1 kg Schweinsfüße, gewaschen, blanchiert und in 4–5 cm große Stücke gehackt**

1 Alle Zutaten außer den Schweinsfüßen mit dem Mixer oder der Küchenmaschine zu einer glatten Masse rühren. In eine große Schüssel füllen und die Schweinsfüße dazugeben, alles gut umrühren. Mindestens 2 Stunden, besser noch über Nacht, in den Kühlschrank stellen.

2 Schweinsfüße in eine Schüssel oder auf einen Teller geben, der in den Dämpftopf paßt. Etwa 1 ½ Stunden dämpfen, bis die Schweinsfüße gar sind. (Wenn Sie keinen Dämpftopf haben, nehmen Sie Ihren größten Topf. Stellen Sie eine entsprechend große Schüssel umgedreht auf den Topfboden, darauf die Schüssel mit den Schweinsfüßen. Gießen Sie bis zur Hälfte der oberen Schüssel Wasser in den Topf.)

3 Fleisch gut abtropfen lassen, den Sud auffangen. Schweinsfüße grillen, bis sie außen knusprig sind. Dabei immer wieder mit dem zurückbehaltenen Sud bepinseln.

Rikschas, preiswert und bequem, sind das am weitesten verbreitete Beförderungsmittel.

Spanferkel gebraten und gefüllt

HEO SUA QUAY CÓ DÔN

FÜR 20 PERSONEN

- **4,5 kg vorbereitetes Spanferkel (bitten Sie den Metzger, genug Fleisch und Haut zum Nähen am Bauch zu lassen)**
- **Saft von 1 Limone**
- **2 EL Meersalz**
- **4 Nelken, gemahlen**
- **schwarzer Pfeffer aus der Mühle**
- **Pflanzenöl**

FÜLLUNG

- **Herz, Leber und Nieren des Spanferkels**
- **20 g Butter**
- **2 Zwiebeln, feingehackt**
- **4 Knoblauchzehen, feingehackt**
- **350 g frische Brotkrümel**
- **1 rote Chilischote, gehackt**
- **4 EL Frühlingszwiebeln, gehackt**
- **1 großer Zweig Petersilie, feingehackt**
- **1 EL Nuoc Mam Soße oder helle Sojasoße**
- **175 ml Reiswein**
- **½ TL Thymian, feingehackt**
- **½ TL Nelkenpfeffer, zerdrückt**
- **Saft von 1 Limone**
- **Salz**

SOSSE

- **600 ml Hühnerfond**
- **600 ml klarer Honig**
- **120 ml helle Sojasoße**
- **60 ml Tomatenpüree**
- **4 TL Fünf-Gewürze-Pulver**
- **100 ml Reiswein oder Sherry**
- **Salz**
- **2 EL Maismehl, mit etwas Wasser angerührt**

1 Spanferkel unter fließendem kalten Wasser abspülen; innen und außen abtrocknen. Inneres mit Limonensaft einreiben. Salz, Nelken und schwarzen Pfeffer mischen und mit der Hälfte der Mischung das Spanferkel von innen einreiben.

2 Leber, Herz und Nieren waschen und putzen. Abtrocknen und fein hacken. Butter bei schwacher Hitze in der Pfanne schmelzen, Zwiebeln und Knoblauch dazugeben und sautieren, bis sie weich sind. Gehackte Leber, Nieren und Herz dazugeben und weitere 5 Minuten sautieren, dann abkühlen lassen.

3 Andere Zutaten zugeben und gut vermischen. Den Bauch des Spanferkels mit der Mischung füllen und mit Zwirn zunähen. Eine Kugel aus Alufolie in das Maul des Ferkels stopfen. Die Beine paarweise zusammenbinden und unter dem Tier zusammenlegen. Mit dem Bauch nach unten in einen flachen Bräter legen. Rücken mit Öl bepinseln und den Rest der Nelken-Meersalz-Pfeffermischung darüberstreuen. In den ersten 90 Minuten die Ohren des Spanferkels mit Alufolie bedecken.

4 Ofen auf 170 °C vorheizen (Gas Stufe 3) und das Schwein 2 ½ Stunden braten, bis der Saft klar herausrinnt, wenn man das Fleisch mit einem Messer einsticht. Regelmäßig mit Fett begießen. Aus dem Bräter nehmen und 15 Minuten abkühlen lassen. Folie im Maul durch eine Orange ersetzen und Schwein auf eine Servierplatte setzen.

5 Den Sud aus dem Bräter in den Wok gießen. Alle Soßenzutaten außer dem Mehl dazugeben. Sud aufkochen, dann das Maismehl einrühren, bis die Soße eindickt.

Schweinshaxeneintopf mit Erdnüssen

KHUY CHÂN LON HAM VOI LAC

FÜR 4 PERSONEN

- **3 frische Schweinshaxen**
- **1 geräucherte Schweinshaxe oder Eisbein**
- **30 g frische Erdnüsse, blanchiert**
- **4 Stücke geschälter Ingwer, 2,5 x 1 cm groß**
- **2 große Frühlingszwiebeln**
- **2,8 l Wasser**
- **Salz**

1 Frische und geräucherte Schweinshaxen, Erdnüsse, Ingwer und Frühlingszwiebeln mit dem Wasser in einem großen, schweren Topf bei starker Hitze kurz aufkochen. Hitze reduzieren und köcheln lassen; Schaum abschöpfen. Bedeckt 2 ½ Stunden köcheln lassen; gelegentlich umrühren.

2 Schaum abschöpfen und mit Salz abschmecken. Ingwer, Frühlingszwiebeln und die Knochen wegwerfen. Das Fleisch wird in großen oder kleinen Stücken heiß serviert. Dazu reicht man einen Dip aus Nuoc Mam Soße mit gemahlenem Sichuanpfeffer.

Schweinefleisch gebraten mit Sellerie

THIT LON XÀO VÓI CÂN TÂY

FÜR 4 PERSONEN

- **2 EL Pflanzenöl**
- **450 g mageres Schweinefleisch, in kleine Scheiben geschnitten (2,5 x 4 cm)**
- **1 TL Sojasoße**
- **1 TL Zucker**
- **225 g Champignons**
- **225 g Frühkohl, in 5 cm lange Streifen geschnitten, grobe Rippen entfernt**
- **4 Selleriestangen, in dünne Scheiben geschnitten**
- **1 EL Nuoc Mam Soße (nach Wunsch)**
- **3 EL Hühnerfond**
- **Maismehl**
- **Salz**

1 1 EL Öl im Wok erhitzen, Schweinefleisch zugeben und bei stärkster Hitze unter Rühren mindestens 2 ½ Minuten braten, bis das Fleisch gar ist. Sojasoße und Zucker dazufügen und weitere 2 Minuten rühren. In eine Schüssel geben und im Ofen warm halten.

2 Wok auswischen, restliches Öl hineingießen. Pilze, Zwiebeln, Kohl und Sellerie hineingeben und 1 ½ Minuten unter Rühren braten. Nuoc Mam Soße und Hühnerfond dazugeben und eine Minute braten. Zugedeckt weitere 2 Minuten kochen lassen. Dann die Schweinefleischscheiben mit Maismehl und Salz hinzufügen. 1 Minute gründlich verrühren und sofort servieren. Als Beilage eignen sich Reis oder Nudeln.

Schweinehackfleisch gedämpft mit Aubergine

THIT LON XAY HÂP VÓI CÀ TÌM

FÜR 4 PERSONEN

- 1 Aubergine (etwa 350 g)
- Salz und schwarzer Pfeffer aus der Mühle
- ½ TL Pflanzenöl
- 1 kleine Zwiebel, in dünne Ringe geschnitten und dann grob gehackt
- 1 Ei, leicht verschlagen
- 450 g Schweinehackfleisch
- 1 EL gehackte Gewürzgurke
- 1 TL Zucker
- 2 EL Nuoc Mam Soße oder helle Sojasoße
- 1 EL Maismehl
- 1 EL Reiswein oder trockener Sherry

1 Aubergine schälen, in 1 cm dicke Scheiben schneiden und in 2,5 cm Stücke hacken. Mit Salz, Pfeffer und etwas Öl einreiben.

2 Zwiebel, Ei, Schweinehackfleisch, Gewürzgurke, Zucker, Nuoc Mam Soße, Maismehl, Reiswein und etwas Salz vermischen. Mit einem Holzlöffel rühren, bis die Zutaten gleichmäßig verteilt sind.

3 Auberginenstücke auf den Boden einer Schüssel legen und die Fleischmischung so darüberhäufen, daß das Gemüse an der Oberfläche nicht zu sehen ist.

4 Schüssel in einen Dämpftopf über den Wok stellen und 45 Minuten stark dämpfen. Wenn Sie keinen Dämpftopf haben, nehmen Sie Ihren größten Topf. Stellen Sie eine entsprechend große Schüssel umgedreht auf den Topfboden und darauf die Schüssel mit der Fleisch-Auberginenmischung. Gießen Sie bis zur Hälfte der oberen Schüssel Wasser in den Topf. Heiß servieren. Dazu paßt ein Gericht, dessen Zutaten unter Rühren kurz gebraten werden.

Schweinefleisch würzig gegrillt auf Reisnudelbett

THIT BÒ THIT LON NUÓNG VÓI GIA VI ĂN VÓI BÚN

FÜR 4 PERSONEN

- **225 g Reisfadennudeln**
- **450 g frischer Schweinebauch mit Haut, gegen die Faser in 8 mm breite und 5 cm lange Streifen geschnitten**
- **450 g Rinderhackfleisch**
- **8 Knoblauchzehen, sehr fein gehackt**
- **12 Bambusspieße oder Holzspieße**

KARAMELSOSSE

- **100 g Zucker**
- **50 ml Nuoc Mam Soße oder Maggi Flüssigwürze, gründlich vermischt mit ½ TL Anchovisessenz oder 2 zerdrückten Anchovis**
- **4 Frühlingszwiebeln, in dünne Ringe geschnitten**
- **schwarzer Pfeffer aus der Mühle**

1 Reisnudeln in warmem Wasser einweichen. Gut abtropfen lassen und beiseite stellen.

2 Für die Karamelsoße Zucker im Wok bei starker Hitze sanft herumschwenken. Nicht vom Rauch irritieren lassen; der Zucker darf allerdings nicht schwarz werden. Vom Herd nehmen und Nuoc Mam Soße oder Maggi Flüssigwürze hinzufügen. Bei schwacher Hitze langsam kochen, bis der Zucker sich aufgelöst hat. Frühlingszwiebeln und Pfeffer dazugeben; umrühren.

3 Bambusspieße in Wasser legen und mindestens 30 Minuten einweichen lassen.

4 In der Zwischenzeit Schweine- und Rindfleisch in verschiedene Schüsseln geben. Knoblauch und die Hälfte der Karamelsoße über das Rindfleisch geben. Restliche Karamelsoße über den Schweinebauch gießen. Inhalt beider Schüsseln mit der Hand mischen und 30 Minuten ziehen lassen. Aus dem Rinderhackfleisch 24 Fleischklößchen formen.

5 Fleischklößchen und Schweinebauchstreifen aufspießen und unter dem vorgeheizten Grill 15–20 Minuten grillen; dabei häufig umdrehen. Auf einem Bett aus Reisnudeln anrichten. Mit einer Gemüseplatte servieren (siehe Ente knusprig gebraten mit Pfannkuchen und frischen Kräutern, Seite 70).

RINDFLEISCH-GERICHTE

Rindfleisch in Kokosmilch

THIT BÒ NAU VOI NUOC DÙA

FÜR 4 PERSONEN

Das Rezept für dieses beliebte traditionelle vietnamesische Gericht verriet mir Madame Binh vom Restaurant Thanh Binh, London.

- **2 EL Pflanzenöl**
- **1 Knoblauchzehe, zerdrückt**
- **225 g Rinderbraten aus der Oberschale, in dünne Streifen geschnitten**
- **1 kleine Zwiebel, in dünne Ringe geschnitten**
- **1 Prise Kurkuma**
- **½ grüne Chilischote**
- **1 cm Zitronellgras vom unteren Teil des Stengels, in dünne Ringe geschnitten**
- **1 EL Kokosmilch aus der Dose**

ZUM GARNIEREN

- **1 EL Erdnüsse, zerstoßen**
- **1 Handvoll Koriandergrün, gehackt**

1 Öl sehr stark erhitzen. Knoblauch hinzufügen. Wenn das Aroma freigesetzt wird, alle Zutaten außer der Kokosmilch dazugeben. Etwa 3 Minuten unter Rühren braten, bis das Fleisch gar ist.

2 Kokosmilch darüberträufeln und einmal umrühren. Zum Servieren mit zerstoßenen Erdnüssen und gehacktem Koriander garnieren.

Rindfleischtopf würzig

THIT BÒ HÂM GIA VI
FÜR 4 PERSONEN

Man könnte mit Recht behaupten, daß es sich bei diesem Gericht um das vietnamesische boeuf à la bourguignonne handelt. Das Rezept stammt von meinem Vater, aber es gibt dieses Gericht in vielen Variationen. Es gehört zu meinen Lieblingsgerichten.

- **3 EL Pflanzenöl**
- **2 mittelgroße Zwiebeln, feingehackt**
- **3 Knoblauchzehen, feingehackt**
- **10 Frühlingszwiebeln, geputzt**
- **1 Stengel Zitronellgras, in 5 cm lange Stücke geschnitten und zerdrückt**
- **1 kg Rindergulasch, in 2,5 cm große Würfel geschnitten**
- **1,2 l Wasser**
- **90 ml Bohnensoße aus gelben Sojabohnen, zerdrückt**
- **1 TL Chilipulver**
- **4 Sterne Anis**
- **2,5 cm langes Stück Zimtstange**
- **½ TL ganze Pfefferkörner**
- **Zucker**

1 1 EL Öl bei mittlerer Hitze im Wok heiß werden lassen. Zwiebeln, Knoblauch und ganze Frühlingszwiebeln zugeben und unter Rühren zwei Minuten braten. Zitronellgras hinzufügen und weiterrühren, bis die Zwiebeln leicht bräunen. Frühlingszwiebeln herausnehmen und alles beiseite stellen.
2 Restliches Öl stark erhitzen. So viele Fleischstücke wie möglich gleichzeitig unter Rühren braten, bis sie braun sind. Dabei gelegentlich wenden. Fortfahren, bis das ganze Fleisch gar ist.
3 Wasser angießen. Zitronellgrasmischung, Bohnensoße, Chilipulver, Sternanis, Zimt, Pfefferkörner und Zucker hinzufügen und zum Kochen bringen. Zugedeckt bei schwacher Hitze 1 ½ Stunden köcheln lassen.
4 Frühlingszwiebeln dazugeben und zugedeckt noch einmal etwa 15 Minuten köcheln lassen, bis die Soße etwas eindickt und das Fleisch zart ist.

Würziger Rindfleischtopf ➢

Rindfleischtopf würzig II

THIT BÒ HÂM GIA VI
FÜR 4 PERSONEN

- **1 kg Rindergulasch, in 5 cm große Würfel geschnitten**
- **2 Stengel Zitronellgras, in hauchdünne Scheiben geschnitten und fein gehackt**
- **2 frische rote Chilischoten, sehr fein gehackt**
- **2 TL Zucker**
- **2 EL frischer Ingwer, gerieben**
- **2 TL gemahlener Zimt**
- **2 TL Curry**
- **3 EL Nuoc Mam Soße oder helle Sojasoße, vermischt mit ½ TL Anchovisessenz oder 2 zerdrückten Anchovis**
- **Salz und schwarzer Pfeffer aus der Mühle**
- **4–5 EL Pflanzenöl**
- **1 große Zwiebel, sehr fein gehackt**
- **6 Knoblauchzehen, sehr fein gehackt**
- **100 ml Tomatenpüree**
- **4 Sternanis**
- **1,2 l Wasser**
- **2 mittelgroße Möhren, in 2,5 cm große Stücke geschnitten**
- **2 mittelgroße Kartoffeln, geschält und in 2,5 cm große Stücke geschnitten**

1 Rindfleisch, Zitronellgras, Chilischoten, Zucker, Ingwer, Zimt, Curry, Nuoc Mam Soße, Salz und schwarzen Pfeffer miteinander verrühren und 1 Stunde ruhen lassen.
2 4 EL Öl bei starker Hitze im Wok heiß werden lassen. Rindfleisch samt Marinade dazugeben und rasch unter Rühren anbraten. Das dauert etwa 2 Minuten. Fleisch herausnehmen und in einer Schüssel beiseite stellen.
3 Noch etwas Öl in den Wok gießen. Wenn es heiß genug ist, Zwiebel und Knoblauch hineingeben und unter Rühren braten, bis das Aroma freigesetzt wird. Tomatenpüree angießen und 2 Minuten weiterrühren. Fleisch, Sternanis, etwas Salz und das Wasser zum Püree geben. Aufkochen, Hitze reduzieren und zugedeckt im Wok köcheln lassen, bis das Fleisch zart ist – etwa 1 ½ Stunden.
4 Möhren dazugeben und 10 Minuten köcheln lassen; dann die Kartoffeln hinzufügen und erneut 10 Minuten köcheln lassen.

Rindfleisch mit Zitronellgras und Pilzen

THIT BÒ NÂU VÓI SA VÁ NÂM
FÜR 4 PERSONEN

- **450 g Filetsteak, quer zur Faser in dünne Scheiben und in 5 x 7,5 cm große Stücke geschnitten**
- **2 Stengel frisches Zitronellgras, hauchdünn in Scheiben geschnitten und feingehackt**
- **2 frische rote Chilischoten, fein gehackt**
- **6 Knoblauchzehen, fein gehackt**
- **3 EL Nuoc Mam Soße oder helle Sojasoße**
- **1 EL Pfeilwurzstärke oder Maismehl**
- **schwarzer Pfeffer aus der Mühle**
- **3–4 EL Pflanzenöl**
- **2 mittelgroße Zwiebeln, in dünne Ringe geschnitten**
- **100 g Champignons**
- **1 TL Zucker**
- **50 g geröstete Erdnüsse, grob gemahlen**
- **Korianderzweige zum Garnieren**

1 Rindfleisch, Zitronellgras, Chilischoten, die Hälfte des Knoblauchs, 2 EL Nuoc Mam Soße, Pfeilwurz, schwarzen Pfeffer und 30 ml Öl in einer Schüssel mischen und 30 Minuten ruhen lassen.

2 1 EL Öl in den Wok gießen und bei mittlerer Hitze Zwiebeln und restlichen Knoblauch unter Rühren 1–2 Minuten braten, bis sie goldbraun werden. Zwiebeln herausnehmen und beiseite stellen. Noch ½ TL Öl dazugeben und heiß werden lassen; dann Fleisch, Pilze, restliche Nuoc Mam Soße und Zucker hineingeben. Bei starker Hitze 1–2 Minuten sautieren, bis das Fleisch gar ist.

3 Rindfleischmischung auf einer vorgewärmten Servierplatte anrichten. Sautierte Zwiebeln um das Fleisch herumlegen und alles mit Erdnüssen und schwarzem Pfeffer bestreuen. Mit Korianderzweigen garnieren.

Französisches Kolonialsteak

BIP-TECH KIÊU PHÁP THUÔC DIA
FÜR 4 PERSONEN

- **2 EL Chilisoße**
- **2 Knoblauchzehen, zerdrückt**
- **2 EL schwarzer Essig**
- **1 kg Entrecote oder Filetsteak**

ZUM GARNIEREN

- **1 Schalotte, in dünne Scheiben geschnitten und knusprig fritiert**
- **1 EL gehackte Erdnüsse**

1 Chilisoße, Knoblauch und Essig in eine Schüssel geben. Steak mit der Marinade bedecken und nach Möglichkeit über Nacht ziehen lassen.

2 Grill auf höchste Stufe stellen. Fleisch auf beiden Seiten 4 Minuten grillen und anschließend noch 5 Minuten ruhen lassen.

3 Steak quer zur Faser in dünne Scheiben schneiden und auf einer Platte hübsch anrichten. Mit Schalotten und Erdnüssen bestreuen.

In Vietnam wird eine Vielzahl von Produkten frisch angeboten – hier eine bunte Auswahl von Möhren, Zwiebeln und Kartoffeln.

Rindfleisch gebraten mit Paprika und Bambussprossen

THIT BÒ XÀO NHANH VỚI MĂNG VÀ ỚT NGOT

FÜR 4 PERSONEN

- **1 EL Pflanzenöl**
- **450 g Rumpsteak, in 1 cm lange Stücke geschnitten**
- **3 Frühlingszwiebeln, in 1 cm Länge geschnitten**
- **2 Knoblauchzehen, zerdrückt**
- **100 g Bambussprossen aus der Dose, in Scheiben geschnitten**
- **1 große grüne Paprikaschote, entkernt, in Streifen geschnitten**
- **2 EL Nuoc Mam Soße oder helle Sojasoße, vermischt mit ½ TL Anchovisessenz oder 2 zerdrückten Anchovis**
- **150 ml Rinderfond**
- **25 g Zucker**
- **2 TL Maismehl, mit etwas Wasser angerührt**

1 Öl im Wok bei starker Hitze heiß werden lassen, Fleisch hineingeben und 2–3 Minuten unter Rühren braten, damit sich die Poren des Fleisches schließen. Herausnehmen und im Ofen warm halten.

2 Frühlingszwiebeln und Knoblauch in den Wok geben und 3 Minuten bei mittlerer Hitze unter Rühren braten. Hochschalten, Bambussprossen und Paprika hinzufügen und bei starker Hitze unter Rühren 1–2 Minuten braten.

3 Nuoc Mam Soße, Brühe und Zucker hineinrühren. Zugedeckt 3 Minuten kochen. Rindfleisch wieder in den Wok geben und 1 Minute rühren. Maismehlmischung einrühren, bis die Soße eindickt. Sofort servieren.

Rindfleisch fritiert mit würziger Dip-Soße

THIT BÒ CÁT LÁT GIÒN ĂN VÓI NUÓC CHÂM

FÜR 4 PERSONEN

- **450 g Filetsteak, quer zur Faser in dünne Scheiben geschnitten (ca. 2 x 5 cm)**
- **2 Eier, verschlagen**
- **1 EL Sesamöl**
- **1 EL Nuoc Mam Soße (nach Wunsch)**
- **¼ TL Zucker**
- **2 TL Ingwerwurzel, sehr fein gehackt**
- **1 TL Reiswein oder trokkener Sherry**
- **Pflanzenöl zum Fritieren**
- **Salz,**
- **schwarzer Pfeffer aus der Mühle**
- **Maismehl**

DIP

- **4 EL Nuoc Mam Soße oder helle Sojasoße**
- **2 TL Chiliöl**

1 Die Zutaten für den Dip in einer kleinen Schüssel gut vermischen und beiseite stellen.

2 Alle anderen Zutaten außer dem Maismehl in einer zweiten Schüssel mischen und vor dem Fritieren 1 Stunde ziehen lassen.

3 Rindfleischscheiben in Maismehl wälzen und im Wok mehrere Scheiben gleichzeitig fritieren, bis sie goldbraun sind. Die Farbe entsteht nicht durch das Fleisch, sondern durch das Maismehl. Abtropfen lassen, auf einen Teller geben und mit dem Chilidip servieren.

Rindfleisch und Pommes frites

THIT BÒ VÀ KHOAI TÂY CHIÊN

FÜR 4 PERSONEN

Dem Chefkoch des stark von der französischen Küche beeinflußten Londoner Restaurants Bonjour Vietnam verdanke ich dieses Rezept. Man reicht dazu französisches Weißbrot.

- **8 EL Pflanzenöl**
- **2 große Kartoffeln, geschält und in dünne Stifte geschnitten**
- **1 mittelgroße Zwiebel, in dünne Ringe geschnitten**
- **2 Knoblauchzehen, fein gehackt**
- **275 g Lendensteak, in dünne Streifen geschnitten**
- **2 TL Maismehl**
- **2 TL Wasser**
- **1 TL Zucker**
- **2 TL Nuoc Mam Soße oder helle Sojasoße**

1 6 EL Öl in eine Bratpfanne geben. Kartoffeln darin braun braten, Öl abgießen und Kartoffeln beiseite stellen.

2 Zwiebel und Knoblauch in 2 EL Öl braten. Rindfleisch dazugeben und unter Rühren 1 Minute braten.

3 Maismehl, Wasser, Zucker und Nuoc Mam Soße zu einer glatten Paste rühren. Zum Fleisch geben und umrühren. Kartoffeln hinzufügen und alles gut vermischen.

LAMM-GERICHTE

Lamm sautiert mit Auberginen in Soße

THIT CÙU XÔT-TÉ ĂN VÓI CÁ TÍM VÀ XÔT

FÜR 4 PERSONEN

- **2 große Auberginen, Enden abgeschnitten, in dicken Scheiben**
- **3 EL Olivenöl**
- **8 Lammkoteletts, gesäubert**
- **2 Knoblauchzehen, zerdrückt**
- **6 große Tomaten, blanchiert, enthäutet und in dicken Scheiben**
- **Salz, schwarzer Pfeffer aus der Mühle**

SOSSE

- **2 EL frische Minze, gehackt**
- **150 ml Naturjoghurt**
- **schwarzer Pfeffer aus der Mühle**

ZUM GARNIEREN

- **1 Zitrone, in Scheiben geschnitten**
- **Minzezweige**

1 Salz über die Auberginenscheiben streuen und 20 Minuten ziehen lassen. Auberginen abspülen und mit Küchenpapier trockentupfen.

2 2 EL Olivenöl in einem Wok bei starker Hitze heiß werden lassen und die Lammkoteletts hinzufügen. Wenn das Fleisch braun ist, Hitze reduzieren und weiterbraten, bis das Fleisch gar ist – etwa 5 Minuten pro Seite. Aus dem Wok nehmen, auf Küchenpapier abtropfen lassen und im Ofen warmstellen.

3 Restliches Öl im Wok erhitzen und Auberginenscheiben mit Knoblauch braten, bis sie auf beiden Seiten leicht gebräunt sind. Eventuell etwas Öl nachgießen. Wenn sie gar sind, im Wok nach oben schieben und die Tomatenscheiben hineingeben. Kurz unter Rühren braten, dann salzen und pfeffern.

4 Gemüse auf eine Platte legen und die Lammkoteletts auf dem Gemüsebett anrichten. Mit Zitronenscheiben und Minzezweigen garnieren.

5 Für die Soße Minze in Joghurt einrühren und etwas schwarzen Pfeffer darübergeben. In kleiner Schüssel servieren.

Lamm in scharfer Knoblauchsoße

THIT CÙU ĂN VÓI XÔT TOI ÓT

FÜR 4 PERSONEN

- **225 g Spinat oder grünes Blattgemüse**
- **2 EL Pflanzenöl**
- **225 g mageres Lammfleisch, in dünne Streifen geschnitten**
- **4 Knoblauchzehen, feingehackt**
- **weißer Pfeffer aus der Mühle**
- **½ TL Zucker**
- **1 EL Nuoc Mam Soße oder 1 EL helle Sojasoße, vermischt mit 1 TL Anchovisessenz oder 4 zerdrückten Anchovis**
- **1 El Austernsoße**
- **frische Minzezweige oder Koriandergrün zum Garnieren**

1 Blattgemüse in kochendem Wasser 1 Minute blanchieren. Gut abtropfen lassen und auf einem Servierteller anrichten.

2 Öl im Wok erhitzen und Lamm unter Rühren braten, bis es beinahe gar ist (etwa 2 Minuten). Knoblauch, Pfeffer, Zucker, Nuoc Mam Soße und Austernsoße hinzufügen, alles unter Rühren weiterbraten, bis das Fleisch gar und zart ist.

3 Lamm mit der Soße über das Blattgemüse gießen. Mit Minze und/oder Koriander garnieren.

Lamm in scharfer Knoblauchsoße ➢

Lammleber mit Ingwer und Koriander

GAN CÙU VÓI GÙNG VÁ NGÒ

FÜR 4 PERSONEN

- **450 g Lammleber, in 4 cm breite und 5 mm dikke Streifen geschnitten**
- **2 EL Pflanzenöl**
- **1 große Zwiebel, in 4 cm große Stücke geschnitten**
- **2 mittelgroße grüne Paprikaschoten, halbiert**
- **Salz**
- **1 EL Sesamöl**

SOSSE

- **2 EL Nuoc Mam Soße oder helle Sojasoße**
- **2 EL Reiswein oder trokkener Sherry**
- **2 TL Zucker**
- **2 große Knoblauchzehen, grob gehackt**
- **1 EL fermentierte schwarze Bohnen, abgespült und grob gehackt**
- **2 Scheiben Ingwer, 2,5 cm groß, geschält und fein gehackt**
- **1 EL Koriandergrün, gehackt**
- **1 Frühlingszwiebel, grob gehackt**
- **2 TL Maismehl, mit 2 EL Wasser angerührt**

1 Einen großen Topf zur Hälfte mit Wasser füllen, zum Kochen bringen. Leberstreifen hineingeben und rühren, bis das Wasser wieder kocht. Leber abgießen, unter fließendes kaltes Wasser halten, um den Garprozeß zu stoppen. Abtropfen lassen und beiseite stellen.

2 Nuoc Mam Soße, Reiswein und Zucker verrühren, bis der Zucker sich aufgelöst hat.

3 Wok bei starker Hitze heiß werden lassen und 1 EL Öl hineingießen. Zwiebeln und Paprika hineinstreuen und ständig rühren und wenden, bis das Gemüse glänzt. Mit etwas Salz bestreuen und 1 Minute weiterrühren, bis die Zwiebeln glasig werden. In eine Schüssel geben.

4 Wok auswischen, restliches Öl hineingeben und Knoblauch, schwarze Bohnen, Ingwer, Koriander und Frühlingszwiebeln darin 30 Sekunden anbraten. Leber dazugeben, 30 Sekunden weiterbraten.

5 Nuoc Mam Mischung dazugeben und unter das Fleisch mischen. Gekochtes Gemüse sorgfältig unterheben, so daß es gleichmäßig verteilt ist. Maismehl nach und nach in den Wok geben; dabei ständig rühren. Sesamöl hineinträufeln, einige Male hin und her wenden und in eine Servierschüssel füllen.

Lamm gebraten mit Minze und Chilischoten

THIT CÙU XÀO VÓI RAU THOM VÀ ÓT

FÜR 4 PERSONEN

- ✶ **1–2 EL Pflanzenöl**
- ✶ **225 g mageres Lammfleisch, in feine Streifen geschnitten**
- ✶ **1 Knoblauchzehe, feingehackt**
- ✶ **1 EL Austernsoße**
- ✶ **1 EL Nuoc Mam Soße oder Maggi Flüssigwürze, vermischt mit ½ TL Anchovisessenz oder 2 zerdrückten Anchovis**
- ✶ **1 Prise Zucker**
- ✶ **1 EL frische rote Chilischote, in dünne Ringe geschnitten**
- ✶ **5 EL frische Minzeblätter (große Blätter klein hacken)**

1 Öl im Wok erhitzen und Lamm unter Rühren einige Minuten braten, bis es beinahe gar ist. Knoblauch, Austernsoße, Nuoc Mam Soße, Zucker und Chilischoten hinzufügen und unter Rühren weitere 2 Minuten braten. Abschmecken und eventuell nachwürzen.

2 Wenn das Fleisch gar und zart ist, Minzeblätter durchrühren, herausnehmen und servieren.

Lamm gebraten mit Ingwer

THIT CÙU XÀO VÓI GÙNG

FÜR 4 PERSONEN

- ✶ **4 El Hühnerfond**
- ✶ **1 mittelgroße Möhre, in 1 cm große Würfel geschnitten**
- ✶ **15 g Butter**
- ✶ **100 g grüne Erbsen**
- ✶ **1 EL Pflanzenöl**
- ✶ **2 Scheiben Ingwerwurzel, fein gehackt**
- ✶ **450 g mageres Lammfleisch, in 1 cm große Würfel geschnitten**
- ✶ **1 EL Nuoc Mam Soße oder Maggi Flüssigwürze, vermischt mit ½ TL Anchovisessenz oder 2 zerdrückten Anchovis**
- ✶ **1 TL Zucker**
- ✶ **½ TL Hoisinsoße**
- ✶ **Salz**
- ✶ **2 TL Maismehl, mit etwas Wasser angerührt**

1 Fond im Wok bei mittlerer Hitze erwärmen. Möhre dazugeben und kochen, bis die Flüssigkeit beinahe verdampft ist. Butter und Erbsen dazugeben und weitere 10 Minuten kochen; gelegentlich umrühren. Herausnehmen und in eine Schüssel füllen.

2 Öl im Wok bei starker Hitze heiß werden lassen; Ingwer und Lammfleisch hineingeben. 1 Minute kräftig rühren, dann Nuoc Mam Soße, Zucker, Hoisinsoße und Salz dazugeben. 1 Minute weiterrühren und Maismehl unterziehen.

3 Beim Eindicken verleiht das Maismehl dem Lammfleisch einen wunderbaren Glanz. Zu diesem Zeitpunkt Erbsen und Möhren hinzufügen. Noch 30 Sekunden rühren und vermischen, dann sofort servieren.

Lammsalat mit grünen Bohnen und Bohnensprossen

THIT CÙU QUAY DÒN DÊ NGUOI ĂN VÓI GIÁ VÀ DÂU

FÜR 4 PERSONEN

- ✶ **100 g knusprig gebratene Lammkeule, in 1 x 2,5 cm große Streifen geschnitten**
- ✶ **100 g Bohnensprossen, gewaschen und getrocknet**
- ✶ **100 g grüne Bohnen, 5 Minuten in kochendem Wasser blanchiert**
- ✶ **100 g Brokkoliröschen, blanchiert**
- ✶ **6 Salatblätter**
- ✶ **3 große Tomaten, in Keile geschnitten**
- ✶ **1 große Salatgurke, geschält und in Scheiben geschnitten**
- ✶ **½ mittelgroße Paprikaschote, in Streifen geschnitten**
- ✶ **2 mittelgroße Zwiebeln, in dünne Ringe geschnitten**
- ✶ **3 hartgekochte Eier, geschält und halbiert**

SALATSOSSE

- ✶ **75 g geröstete, ungesalzene Erdnüsse**
- ✶ **100 ml Zitronensaft**
- ✶ **3 EL Essig**
- ✶ **4 Knoblauchzehen**
- ✶ **3 EL Koriandergrün, gehackt**
- ✶ **40 g Zucker**
- ✶ **1 EL Nuoc Mam Soße oder Maggi Flüssigwürze**

ZUM GARNIEREN

- ✶ **1 hartgekochtes Ei, in Scheiben geschnitten**
- ✶ **Koriandergrün, gehackt**
- ✶ **Chiliblüten (siehe Seite 16)**

1 Für die Soße alle Zutaten in einen Mixer geben, eventuell etwas Wasser zufügen. Durch erneute Zugabe von Essig, Zucker oder Nuoc Mam Soße abschmecken. Beiseite stellen.

2 Große Servierplatte oder -schüssel mit Salatblättern auslegen. Restliche Zutaten nach Belieben auf dem Salatbett verteilen.

Ein typischer Anblick: völlig überladender Reisebus auf dem Weg zum Markt.

Die allgegenwärtigen Rikschas transportieren nicht nur Personen, sondern auch Waren.

REIS-GERICHTE

101

Klebriger Reis

XÔI

FÜR 4 PERSONEN

In Vietnam wird klebriger Reis oft als Frühstück serviert; das ist günstig, weil der Reis ohnehin mindestens 8 Stunden eingeweicht werden sollte. Ich kenne zwei Zubereitungsarten, beide werden im folgenden beschrieben. In Vietnam wird die Reiskruste am Topfboden auf verschiedene Arten weiterverwendet: zum Dippen in Soßen, zum Fritieren und wie in Europa Kekse als kleine Knabberei zwischendurch.

- **400 g Klebreis (siehe Packung)**
- **1 TL Salz**

ZUBEREITUNGSART 1

1 Reis über Nacht einweichen. Morgens abspülen und gut abtropfen lassen. Mit Salz vermischt im Dämpftopf auf einem feuchten Mulltuch ausbreiten und 40 Minuten dämpfen. Dabei gelegentlich mit Wasser besprühen. Probieren, ob der Reis weich genug ist. Er sollte nicht al dente sein; Vietnamesen mögen ihren Reis im allgemeinen weich, wie auch in Europa die ältere Generation Gemüse gewöhnlich eher weich als knackig bevorzugt.

ZUBEREITUNGSART 2

1 700 ml Wasser in einem schweren Topf kochen. Reis und Salz hinzufügen und wieder zum Kochen bringen. Etwa 1 Minute kochen lassen; dann mit einem gut schließenden Deckel zudecken. Vom Herd nehmen und den Deckel fest auf den Topf drücken. Herumdrehen und Wasser gut ablaufen lassen.

2 Bei sehr schwacher Hitze erneut auf den Herd stellen und den Reis noch 20 Minuten kochen lassen. Danach 10 Minuten ruhen lassen. Vor dem Servieren mit Stäbchen oder einem Schöpflöffel auflockern.

Ein Reisfarmer kümmert sich um sein Feld mit jungen Reispflanzen. Reis ist in Vietnam ein Grundnahrungsmittel, und es gibt im ganzen Land Reisfelder.

Gebratener Reis mit Ei

COM CHIÊN TRÚNG

FÜR 4 PERSONEN

- **2 Eier**
- **2 EL Wasser**
- **2 EL Pflanzenöl**
- **2 Frühlingszwiebeln, feingehackt**
- **550 g einfacher gekochter Reis**
- **2 EL Sojasoße**
- **Salz**
- **½ TL Zucker**

1 Eier mit Wasser in einer Schüssel glattrühren. ½ TL Öl in einem Wok erhitzen, die Eiermischung hineingeben. Schwenken, um ein Omelette zu backen. Auf einen Teller legen und erkalten lassen. In Streifen schneiden.

2 Restliches Öl erhitzen, Frühlingszwiebeln dazugeben und unter ständigem Rühren 2 Minuten braten. Reis und Omelettestreifen hinzufügen.

3 Sojasoße, Salz und Zucker einrühren, noch 2–3 Minuten kochen. In einer großen Schüssel servieren.

Duftreis

COM GAO THOM

FÜR 4 PERSONEN

Obwohl verschiedene thailändischen Reissorten als „Duftreis" verkauft werden, ist man meist nicht in der Lage, etwas von dem versprochenen Duft wahrzunehmen. Wahrscheinlich handelt es sich um eine Werbeidee gerissener Geschäftsleute. Das soll nicht heißen, daß dieser Reis keine Vorzüge hat: die meisten Vietnamesen verwenden ihn ganz selbstverständlich, weil es zweifelsohne der beste Reis der Welt ist. Mein Vater war davon jedenfalls überzeugt. Meiner Erfahrung nach übertrifft thailändischer Duftreis jeden anderen Reis, sogar den berühmten Basmatireis, der etwas härter ist.

- **400 g thailändischer Duftreis**
- **600 ml Wasser**
- **1 TL Salz**

1 Reis mehrmals waschen und gut abtropfen lassen. Wenn das Waschwasser klar ist, ist der Reis so sauber wie möglich. In großen Familien wird der Reis wegen der Menge mit beiden Händen gewaschen, aber für die Kleinfamilie muß man kaum mehr tun, als ihn zwischen den Fingern zu reiben.

2 Reis mit dem Wasser in einen Topf geben, Salz hineinstreuen und schnell zum Kochen bringen. Hitze sofort reduzieren und Topf zudecken. So lange wie nötig köcheln lassen (normalerweise etwa 30 Minuten). Anschließend vom Herd nehmen, 10 Minuten ruhen lassen. Servieren. Das Ergebnis sollte ein ziemlich feuchter, leicht klebriger Reis sein, wie er östlich vom Ganges bevorzugt wird.

Gemüsereis

COM VÓI RAU

FÜR 4 PERSONEN

Der hier verwendete Pak Soi (Japankohl) hat dunkelgrüne Blätter und dicke, fleischige weiße Rippen. Ein köstliches Gemüse, das im Aussehen an Frühlingszwiebeln erinnert, aber wesentlich besser schmeckt.

- **400 g Rundkornreis, gewaschen und abgetropft**
- **2 EL Pflanzenöl**
- **450 g Pak Soi (Japankohl), quer in 2,5 cm große Stücke geschnitten**
- **Salz**
- **600–750 ml Wasser**

1 Reis mehrmals waschen, bis das Waschwasser klar ist. Gut abtropfen lassen.

2 Einen schweren Topf bei starker Hitze heiß werden lassen. Öl hineingeben und schwenken. Weitere 30 Sekunden erhitzen. Kohl hinzufügen und ständig und rasch rühren. Die Blätter sollten vom Öl glänzen. Salz darüberstreuen und weiterrühren; die Blätter werden heller.

3 Reis und Wasser in einen Topf geben und zum Kochen bringen. Ein paar Minuten sprudelnd kochen lassen, dabei gelegentlich umrühren. Hitze auf mittlere Stufe reduzieren und noch 2 Minuten sprudelnd kochen lassen. Umrühren.

4 Flamme auf niedrigste Stufe stellen und Reis zugedeckt 20 Minuten kochen lassen. Vor dem Servieren noch 10 Minuten ruhen lassen.

5 Reis auf eine flache Platte geben und Kohl darauf anrichten.

Gebratener Reis mit Garnelen

COM CHIÊN VỚI TÔM

FÜR 4 PERSONEN

- **2 EL Pflanzenöl**
- **450 g Garnelen, geschält**
- **1 Frühlingszwiebel, gehackt**
- **50 g frische Champignons**
- **1 Zucchino, in dünnen Scheiben**
- **½ Möhre, in dünnen Scheiben**
- **50 g grüne Bohnen, in 2,5 cm lange Stücke geschnitten**
- **1 EL Reiswein oder trockener Sherry**
- **1 TL helle Sojasoße**
- **Salz und schwarzer Pfeffer aus der Mühle**
- **550 g einfacher gekochter Reis**
- **2 Frühlingszwiebeln, zum Garnieren in gleichmäßige Ringel gehackt**

1 ½ El Öl im Wok erhitzen und Garnelen unter Rühren 1 Minute braten. Herausnehmen und beiseite stellen.

2 Restliches Öl in den Wok gießen und die Frühlingszwiebeln andünsten. Pilze und übriges Gemüse hinzufügen und unter Rühren bei starker Hitze 2 Minuten braten.

3 Garnelen zum Gemüse in den Wok geben und restliche Zutaten außer dem Reis hinzufügen. Dabei ständig weiterrühren.

4 Zum Schluß kommt der Reis in den Wok. So lange unter Rühren braten, bis er seine Farbe verändert hat. In einer großen Servierschüssel anrichten und mit den gehackten Frühlingszwiebeln garnieren.

Gebratener Reis mit Garnelen ≫

Einfacher Reis

COM THUỜNG

FÜR 4 PERSONEN

- **400 g weißer Langkornreis**
- **600 ml Wasser**
- **1 TL Salz**

1 Reis mehrmals waschen, bis das Waschwasser klar ist. Gut abtropfen lassen, mit Wasser und Salz in einem Topf zum Kochen bringen. Hitze reduzieren, bis der Reis nur noch leicht köchelt. Zugedeckt 20 Minuten köcheln lassen. In Vietnam glaubt man, daß der richtige Trick für perfekten Reis darin besteht, während des Kochens niemals den Deckel anzuheben. Nach 20 Minuten Kochzeit den Deckel abnehmen und nachsehen, ob der Reis gar ist.

2 Kochplatte ausschalten und Reis im zugedeckten Topf noch einmal 10 Minuten ruhen lassen, damit er die restliche Feuchtigkeit aufnehmen kann.

Vegetarische Gerichte

Würziger Eier-Gemüsestreifen-Salat

RAU CÁT NHO TRÔN VÓI TRÚNG NÓNG THÁI NHO

FÜR 4 PERSONEN

EIERPFANNKUCHEN

- **2 Eier**
- **¼ TL Nuoc Mam Soße oder helle Sojasoße**
- **schwarzer Pfeffer aus der Mühle**
- **½ TL Wasser**
- **1 EL Pflanzenöl**
- **50 g Glasnudeln**
- **4 getrocknete chinesische Pilze**
- **1 EL Sesamsaat**
- **2 Knoblauchzehen, zerdrückt**
- **Salz**
- **2 EL Reisessig**
- **1 ½ TL Zucker**
- **2 EL Sojasoße**
- **2 EL Sesamöl**
- **100 g Zuckerschoten, in dünne Streifen geschnitten**
- **50 g Bambussprossen, in dünne Streifen geschnitten**
- **1 kleine Möhre, geschält und in dünne Scheiben geschnitten**
- **1 kleiner chinesischer weißer Rettich, geschält und in dünne Scheiben geschnitten**
- **1 kleine Salatgurke, geschält und in dünne Scheiben geschnitten**
- **1 kleine rote Paprikaschote, in dünne Streifen geschnitten**
- **1 kleine grüne Paprikaschote, in dünne Streifen geschnitten**
- **2 Selleriestangen, in dünne Scheiben geschnitten**
- **1 kleine rote Zwiebel, in dünne Ringe geschnitten**
- **Salz**
- **1 EL geröstete Erdnüsse, gemahlen**
- **schwarzer Pfeffer aus der Mühle**
- **Korianderzweige**

1 Nudeln in warmem Wasser 30 Minuten einweichen, abtropfen lassen und in 5 cm lange Stücke schneiden. Getrocknete chinesische Pilze in warmem Wasser 30 Minuten einweichen, ausdrücken, Stiele entfernen, in dünne Scheiben schneiden.

2 Für die Eierpfannkuchen Eier, Nuoc Mam Soße, schwarzen Pfeffer und ½ TL Wasser in einer Schüssel verschlagen. Das Öl im Wok auf mittlere Temperatur erhitzen. Die Hälfte der Eiermischung hineingießen und Wok sofort schwenken, damit die Eiermasse sich gleichmäßig am Boden verteilt. Hauchdünne Pfannkuchen 30 Sekunden backen, wenden, nochmals 15 Sekunden backen. Mit der restlichen Mischung wiederholen. Erkaltet in Streifen schneiden.

3 Sesamsaat im trockenen Wok bei mittlerer Hitze schwenken. Ständig rühren, bis sie goldbraun ist (etwa 3 Minuten). Beiseite stellen.

4 Knoblauch, Salz, Essig, Zucker, Sojasoße und Sesamöl in einer kleinen Schüssel verrühren. Beiseite stellen.

5 Einen Topf mit Salzwasser zum Kochen bringen und Nudeln, Zuckerschoten, Bambussprossen und Pilze 30 Sekunden darin kochen. Sofort in ein Sieb gießen und ein paar Sekunden unter kaltem Wasser abspülen. Mit Papiertüchern trocknen und beiseite stellen.

6 Möhre, Rettich, Gurke, Paprika, Sellerie und rote Zwiebel in einer Schüssel mischen und mit Salz bestreuen. Gut durchmischen und 30 Minuten ruhen lassen. Salz abspülen und die Flüssigkeit mit der Hand aus dem Gemüse drükken, bis es trocken ist. Mit Küchenpapier abtupfen.

7 Alle zerkleinerten Gemüse mit dem blanchierten Gemüse in eine große Salatschüssel geben. Soße darüberträufeln und gut mischen. Auf einer Servierplatte anrichten. Mit gemahlenen Nüssen und schwarzem Pfeffer bestreuen, mit Pfannkuchenstreifen und Korianderzweigen garnieren.

Gemüseverkäufer mit einer Sorte grünem Frühkohl, der Pak Soi ähnelt. Sein zartes Aroma macht ihn so begehrt und so teuer.

Gebratenes Mischgemüse in Nuoc Mam Soße

RAU THẬP CẨM XÀO VỚI NUỚC MẮM

FÜR 4 PERSONEN

- **2 Möhren, in dünne Scheiben geschnitten**
- **100 g Bambussprossen, in dünne Scheiben geschnitten**
- **1 Pak Soi (Japankohl), nur die Stiele, gewürfelt**
- **100 g grüne Bohnen, halbiert**
- **25 g Baumohrpilze, 15 Minuten in warmem Wasser eingeweicht und grob gehackt**
- **½ TL Pflanzenöl**
- **2 Knoblauchzehen, zerdrückt**
- **3 Scheiben Ingwer, geschält und in sehr feine Streifen geschnitten**
- **100 g Bohnensprossen**
- **Salz**
- **schwarzer Pfeffer aus der Mühle**
- **½ EL Maismehl**
- **1 EL Nuoc Mam Soße oder helle Sojasoße**

1 Möhren in einem großen, halb mit Wasser gefüllten Topf 10 Minuten kochen. Bambussprossen, Japankohl, grüne Bohnen und Baumohrpilze dazugeben, weitere 5 Minuten kochen. Abtropfen lassen und beiseite stellen.

2 Öl im Wok erhitzen, Knoblauch und Ingwer unter Rühren 2 Minuten braten. Bohnensprossen hinzufügen und 30 Sekunden braten. Übriges Gemüse dazugeben, mit Salz und schwarzem Pfeffer aus der Mühle würzen. Noch 2 Minuten unter Rühren braten. Maismehl und Nuoc Mam Soße mit etwas Wasser verrühren und unter das Gemüse ziehen.

Grüner Paprika mit fritiertem Tofu

ÓT NGOT XANH VÓI DÂU PHU CHIÊN

FÜR 4 PERSONEN

- **1 EL Nuß- oder Maisöl**
- **2 dünne Scheiben frischer Ingwer, geschält**
- **4 große Blätter Chinakohl, in 2,5 cm große Stücke geschnitten**
- **1 große grüne Paprikaschote, entkernt und in Streifen geschnitten**
- **Salz**
- **Pflanzenöl zum Fritieren**
- **4 Stücke Tofu, 2,5 x 2,5 cm, abgetropft und jedes in drei Rechtecke geschnitten (mit Küchenpapier trockentupfen)**

SOSSE

- **1 TL Kartoffelmehl**
- **5 EL Pilzwasser**
- **2 EL Austernsoße**
- **2 TL dicke Sojasoße**
- **2 EL Pflanzenöl**
- **1 Knoblauchzehe, feingehackt**
- **2 Frühlingszwiebeln, in 2,5 cm lange Stücke geschnitten, weiße und grüne Stücke getrennt**
- **4 große getrocknete chinesische Pilze, eingeweicht, ausgedrückt und in dünne Streifen geschnitten (Einweichwasser aufheben)**

1 Für die Soße Kartoffelmehl, Pilzwasser, Austernsoße und Sojasoße mischen. Wok erhitzen und 2 EL Öl darin schwenken. Knoblauch brutzeln lassen und die weißen Frühlingszwiebeln hinzufügen, dann die Pilze. 30 Sekunden rühren, dann die Kartoffelmehlmischung hineingießen. Bei schwacher Hitze weiterrühren, bis die Soße eindickt. Vom Herd nehmen.

2 1 EL Nuß- oder Maisöl im Wok bei starker Hitze heiß werden lassen, bis es raucht. Ingwer hineingeben; wenn er zu brutzeln beginnt, Kohl und grüne Paprika dazugeben. Etwa 30 Sekunden wenden. Mit etwas Salz würzen, Hitze reduzieren und zugedeckt weitere 2 Minuten kochen. In einen Tontopf oder Kochtopf geben.

3 Den Wok zur Hälfte mit Öl füllen, auf 100 °C aufheizen und den Tofu Stück für Stück ins siedende Öl geben. 4 Minuten fritieren, bis er goldbraun ist. Von Zeit zu Zeit umdrehen. Mit einem großen Schaumlöffel herausnehmen und auf Küchenpapier abtropfen lassen.

4 Tofu in den Topf auf den Kohl legen und Frühlingszwiebeln dazugeben. Soße erhitzen und über den Tofu gießen. 2 Minuten erhitzen und dann servieren.

Shan-Lee-Salat

MÓN TRÔN SHAN LEE

FÜR 4 PERSONEN

Ein vietnamesischer Freund meines Vaters hat diesen Salat erfunden. Seine Schlichtheit ist bemerkenswert.

- **3 EL Sesamöl**
- **3 EL frisch gepreßter Orangensaft**
- **1 grüner Blattsalat, geputzt und gewaschen (Blätter ganz lassen)**
- **4 EL Bambussprossen**

1 Sesamöl und Orangensaft mischen und über die Salatblätter und Bambussprossen gießen. Als einfache Beilage zu Saté-Gerichten (Seite 36–38) oder gefüllten Hühnerflügeln (Seite 58) reichen.

Grüne Bohnen mit Knoblauch

DÂU PHÁP VÓI TOI NGHIÊN

FÜR 4 PERSONEN

- **1 EL Pflanzenöl**
- **1 Zwiebel, feingehackt**
- **4 Knoblauchzehen, feingehackt**
- **3 große grüne Chilischoten, entkernt und diagonal in dünne Ringe geschnitten**
- **1 TL gemahlener Koriander**
- **½ TL gemahlener Kreuzkümmel**
- **2 reife Tomaten, blanchiert, enthäutet, entkernt und grob gehackt**
- **450 g grüne Bohnen, gewaschen, geputzt und halbiert**
- **½ TL Zucker**
- **1 Prise Salz**
- **2 EL Koriandergrün, gehackt**

1 Öl im Wok erhitzen und Zwiebel, Knoblauch und grüne Chilischoten unter Rühren 2 Minuten braten.

2 Koriander und Kreuzkümmel gründlich unterrühren; gehackte Tomaten und grüne Bohnen dazugeben. Umrühren und den Wok 5 Minuten zudecken. Deckel entfernen, Zucker und etwas Salz hineingeben und noch 1 Minute rühren. Koriander 30 Sekunden unterrühren, alles aus dem Wok herausnehmen und auf einer vorgewärmten Platte anrichten.

Würzige Auberginen und Tomaten

CÀ TÍM GIA VI VÓI CÀ CHUA

FÜR 4 PERSONEN

- **1 Aubergine**
- **2 Knoblauchzehe, in dünnen Scheiben**
- **2 rote Paprikaschoten**
- **1 mittelgroße Tomate, in dünnen Scheiben**
- **1 EL Nuoc Mam Soße oder Maggi Flüssigwürze, vermischt mit ½ TL Anchovisessenz oder 2 zerdrückten Anchovis**
- **2 El Reiswein**
- **1 EL Olivenöl**

1 Ofen auf 200 °C (Gas Stufe 6) vorheizen.

2 Die Aubergine ringsherum einritzen und in jeden Schnitt eine Scheibe Knoblauch stecken. Aubergine und ganze Paprikaschoten in eine Auflaufform legen und 45 Minuten braten, bis das Gemüse weich ist. Regelmäßig umdrehen, damit es gleichmäßig bräunt. Beiseite stellen.

3 Den Stiel der Aubergine entfernen und die Haut abziehen. Das Fleisch in feine Streifen schneiden; größere Kernklumpen wegwerfen. Aubergine mit den Knoblauchscheiben in eine Schüssel geben.

4 Die Haut der Paprikaschoten abziehen und Stiele und Kerne entfernen. In lange, dünne Streifen schneiden und zu der Aubergine geben. Tomate, Nuoc Mam Soße, Reiswein und Olivenöl hinzufügen und gut durchmischen.

NUDEL-GERICHTE

Gebratene scharfe Nudeln

MÌ XÀO GIA VI

FÜR 4 PERSONEN

Sie können Chilipulver selbst herstellen, indem Sie rote Chilischoten im Ofen bei 200 °C (Gas Stufe 6) rösten, bis sie braun werden. Für Chiliflocken geröstete Schoten kurz durchbrühen, für Chilipulver Schoten fein mahlen. In luftdichtem Behälter aufbewahren.

- **2 EL Pflanzenöl**
- **2 Knoblauchzehen, feingehackt**
- **100 g Schweinefleisch in dünnen Scheiben**
- **4 große rohe Garnelen, geschält, Darm entfernt, mit Schwanz**
- **1 EL getrocknete Shrimps**
- **2 EL eingelegter weißer Rettich, feingehackt**
- **50 g Tofu, gewürfelt**
- **3 EL Zitronensaft**
- **3 EL Nuoc Mam Soße oder helle Sojasoße, vermischt mit ½ TL Anchovisessenz oder 2 zerdrückten Anchovis**
- **40 g Zucker**
- **175 g Reisnudeln (vorzugsweise dickere Sorten), 15 Minuten in warmem Wasser eingeweicht und gut abgetropft**
- **2 Eier, verschlagen**
- **50 g Bohnensprossen**
- **3 EL zerdrückte Erdnüsse**
- **2 EL Frühlingszwiebeln, gehackt**
- **2 EL Koriandergrün, gehackt**

ZUM GARNIEREN

- **½ TL geröstetes Chilipulver oder Chiliflocken**
- **Zitronenschnitze**

1 Öl im Wok erhitzen und Knoblauch in 3–4 Minuten bei mittlerer Hitze unter Rühren goldbraun braten. Wok stärker erhitzen, Schweinefleisch zugeben und 6 Minuten braten, bis es gar ist. Garnelen, getrocknete Shrimps und eingelegten Rettich zufügen und noch 1 Minute unter Rühren weiterbraten. Tofu dazugeben, umrühren und Hitze reduzieren. Danach Zitronensaft, Nuoc Mam Soße und Zucker zugeben. Noch 3 Minuten weiterrühren.

2 Nudeln zu der Mischung in den Wok geben und 1–2 Minuten lang gründlich unterheben. Auf eine Seite schieben und rasch die verschlagenen Eier in den Wok gießen. Stocken lassen. Auf die Seite schieben.

3 Den Großteil der Bohnensprossen und eine Handvoll zerdrückter Erdnüsse, Frühlingszwiebeln und Koriander über die Nudeln streuen. Gut mit Rührei und Nudeln vermengen. Auf großem Teller mit kleinen Häufchen aus Bohnensprossen, Erdnüssen, Frühlingszwiebeln, Koriander, Chiliflocken und Zitronenschnitzen servieren.

Ein überdachter Markt. Fisch, Obst und Gemüse sind die meistverkauften Produkte.

Gebratene Nudeln mit Bohnensprossen

MI XÀO VÓI GIÁ

FÜR 4 PERSONEN

- **1 EL Pflanzenöl**
- **2 kleine Zwiebeln, in dünne Ringe geschnitten**
- **4 Knoblauchzehen, gehackt**
- **100 g Bohnensprossen**
- **175 g (Trockengewicht) Glasnudeln, in warmem Wasser 30 Minuten eingeweicht, abgetropft und in 7,5 cm lange Stücke geschnitten**
- **100 ml Hühnerfond**
- **1 EL Nuoc Mam Soße oder helle Sojasoße**
- **2 Frühlingszwiebeln, in dünne Scheiben geschnitten**
- **1 EL Koriandergrün, gehackt**
- **schwarzer Pfeffer aus der Mühle**

1 Öl im Wok bei starker Hitze heiß werden lassen. Zwiebeln und Knoblauch darin etwa 2 Minuten sautieren, bis die Ränder braun werden.

2 Bohnensprossen hinzufügen und 30 Sekunden unter Rühren braten. Nudeln dazugeben, 1 Minute unter Rühren braten. Hühnerfond und Nuoc Mam Soße angießen, gut mit der Mischung im Wok vermengen. Frühlingszwiebeln hinzufügen, dann alles auf einem Servierteller anrichten und mit Koriandergrün und schwarzem Pfeffer bestreuen.

Das Rathaus von Ho-Chi-Minh-Stadt spiegelt den Kolonialstil der französischen Architektur in Vietnam wider.

Gebratene Fadennudeln mit Gemüse

MÍ BÙN XÀO VÓI RAU DÂU

FÜR 4 PERSONEN

- **1 EL Pflanzenöl**
- **1 Knoblauchzehe, feingehackt**
- **1 Möhre, in dünne Scheiben geschnitten**
- **50 ml Wasser**
- **50 g Pak Soi (Japankohl), gehobelt**
- **½ Selleriestange, in feine Streifen geschnitten**
- **3 EL Hühnerfond**
- **1 EL Austernsoße**
- **1 EL Nuoc Mam Soße oder helle Sojasoße, vermischt mit ½ TL Anchovisessenz oder 2 zerdrückten Anchovis**
- **1 gestrichener TL Zucker**
- **schwarzer Pfeffer aus der Mühle**
- **100 g Reisfadennudeln, 5 Minuten in warmem Wasser eingeweicht und gut abgetropft**

1 Öl bei starker Hitze im Wok heiß werden lassen und Knoblauch darin goldbraun braten. Möhre hinzufügen und 1 Minute unter Rühren braten.

2 Restliche Zutaten, außer den Nudeln, dazugeben und vorsichtig unterheben. 2 Minuten kochen.

3 Nudeln hinzufügen und alle Zutaten miteinander vermischen. 1 Minute rühren. In einer großen Servierschüssel anrichten.

Reisfadennudeln mit Ei

BÚN XÀO TRÚNG

FÜR 4 PERSONEN

- **50 g Reisfadennudeln**
- **1 TL Zuckercouleur**
- **2 Knoblauchzehen, zerdrückt**
- **2 Frühlingszwiebeln, grob gehackt**
- **Salz und schwarzer Pfeffer aus der Mühle**
- **6 Eier, verschlagen**
- **1 Eisbergsalat, in feine Streifen geschnitten**
- **½ Salatgurke, in Scheiben geschnitten**
- **2 EL eingelegte Möhren oder Gewürzgurken**
- **1 EL gehackte frische Minzeblätter**
- **1 EL Koriandergrün, gehackt**
- **1 EL Pflanzenöl**

NUOC MAM GIAM SOSSE

- **1 Knoblauchzehe, grob gehackt**
- **1 frische rote Chilischote, grob gehackt**
- **1 EL Nuoc Mam Soße oder Maggi Flüssigwürze, vermischt mit 1 TL Anchovisessenz oder 4 zerdrückten Anchovis**
- **1 TL Zitronensaft oder Essig**
- **15 g Zucker**

1 Reisnudeln vorbereiten: einen großen Topf mit Salzwasser zum Kochen bringen. Reisnudeln hineingeben und etwa 3 Minuten kochen. Dabei ständig rühren, damit die Nudeln nicht zusammenkleben. Sie sollten gar sein, aber noch Biß haben. In ein Sieb gießen und unter fließendes kaltes Wasser halten. Beiseite stellen.

2 Für die Nuoc Mam Giam Soße Knoblauch und Chili mit einem Mixer oder im Mörser zerkleinern und in eine kleine Schüssel füllen. Andere Zutaten dazugeben und gründlich vermengen; der Zucker muß sich auflösen.

3 Zuckercouleur fertig kaufen oder selbst herstellen: dazu 15 g Zucker im Wok erhitzen, bis der Zucker dunkel wird. Vom Herd nehmen und vorsichtig 2 EL kaltes Wasser einrühren. Sehr vorsichtig arbeiten, da sonst die Gefahr von Verbrennungen besteht. Reste im Kühlschrank aufbewahren.

4 Knoblauch, Frühlingszwiebeln und Zuckercouleur in einer flachen Schüssel mischen; Salz, Pfeffer und die verschlagenen Eier hinzufügen. Einige Minuten zum Durchziehen beiseite stellen.

5 Salat, Gurke, eingelegtes Gemüse, Minze und Koriander auf 4 Schüsselchen verteilen. Auf jede Gemüseportion gekochte Reisnudeln legen. Beiseite stellen.

6 Öl im Wok erhitzen, Eiermischung hineingießen. Einmal wenden und in einer separaten Schüssel 1–2 Minuten abkühlen lasen. In 8 Stücke schneiden. In jede Gemüseschüssel 2 Stücke legen und mit je 2 EL Nuoc Mam Giam Soße beträufeln. Die Gäste mischen die Zutaten selbst in ihren Schüsseln.

Eine „Fast-Food"-Verkäuferin. In Vietnam ist es üblich, am Straßenrand zu sitzen, zu essen und dabei den Ausblick und die Gerüche zu genießen.

DESSERTS

Lychee-Klaps

TRÁI VAI DÂP

FÜR 4 PERSONEN

Mein Vater hat dieses einfache, köstliche Dessert erfunden. Ich bereite es oft zu, wenn ich nicht viel Zeit habe.

- **1 mittelgroßes Glas eingelegter Ingwer, abgetropft**
- **100 g Lychees aus der Dose**
- **1 EL Ingwerwein**

1 In jede Lychee ein Stück von dem eingelegten, abgetropften Ingwer stecken.

2 Flüssigkeit vom Ingwer mit Lycheesirup und Ingwerwein mischen. Über die gefüllten Lychees gießen.

Lychee-Ingwereis

KEM TRÁI VAI VÓI GÙNG

FÜR 4 PERSONEN

- **100 g Lychees in Sirup**
- **15 g Ingwerwurzel, geschält und gerieben**
- **150 ml Wasser**

ZUM GARNIEREN

- **frische Minzeblätter**
- **Lychees**
- **Ingwerkekse (nach Wunsch)**

1 Lychees mit Wasser und Ingwer im Mixer oder in einer Küchenmaschine zu feinem Püree zerkleinern. Mischung in eine Metallform (ca. 23 x 23 cm) füllen und 3 Stunden gefrieren lassen.

2 Die gefrorene Mischung in Stücke brechen und erneut mit der Küchenmaschine rühren, bis das Eis weich ist. Wieder in die Metallform füllen und im Gefrierschrank fest werden lassen.

3 Die Mischung ganz leicht antauen lassen (etwa 5 Minuten) und auf vier Schalen verteilen. Mit Minzeblättern, Lychees und einem Keks garnieren.

Lycheesorbet

TRÁI VAI DÃ LÂY HÔT

FÜR 4 PERSONEN

Dieses schlichte und erfrischende Sorbet läßt sich ganz leicht und schnell herstellen.

- **450 g frische Lychees oder 100 g Lychees aus der Dose**
- **1 Eiweiß**

1 Lychees schälen und entsteinen. Fleisch pürieren; eventuell etwas Zuckerwasser hinzufügen. In einen Behälter geben und gefrieren lassen, bis die Mischung fast fest ist.

2 Eiweiß steif schlagen. Unter die Lycheemischung ziehen und die Masse wieder in den Gefrierschrank stellen, bis sie fest ist.

Eine strenge, furchteinflößende Buddha-Statue.

Kokospudding

CHÈ DÙA

FÜR 4 PERSONEN

- **225 ml dicke Kokos-creme**
- **4 Eier, verschlagen**
- **100 g Zucker**

1 Kokoscreme, Eier und Zucker schlagen, bis der Zucker sich aufgelöst hat und eine glatte, einheitliche Masse entstanden ist. Durch ein Tuch sieben. Der Rest sollte völlig glatt sein.

2 Eine Servierschüssel auf einem hölzernen Dreifuß in den Wok stellen, auf Standfestigkeit prüfen. Mischung in die Servierschüssel gießen. Wasser in den Wok füllen und zum Kochen bringen. Servierschüssel auf den Dreifuß stellen und dämpfen, bis die Masse fest ist (10–15 Minuten).

3 Die Mischung kann auch in 4 Schüsselchen gefüllt und in einem großen Bambustopf gedämpft werden.

Kokoseiscreme

KEM DÙA

FÜR 4 PERSONEN

- **275 ml dicke Kokosmilch**
- **350 ml frische Sahne**
- **2 Eier**
- **2 Eigelb**
- **1 TL Vanilleessenz**
- **100 g Zucker**
- **Salz**

ZUM GARNIEREN

- **50 g Kokosflocken, trocken geröstet, bis sie braun sind**
- **Minzezweige**

1 Kokosmilch und Sahne bei mittlerer Hitze erwärmen und 5 Minuten sieden – nicht überkochen lassen. Mit Eiern, Eigelb, Vanille, Zucker und Salz verschlagen.

2 Eine tiefe Schüssel in einen Topf mit kochendem Wasser stellen; das Wasser sollte bis zur Hälfte der Schüssel reichen. Eiermischung hineingießen, nach und nach die warme Kokosmilch einrühren, bis die Mischung dick genug ist, um einen Löffel zu bedecken. Abkühlen lassen, dabei gelegentlich umrühren.

3 Wenn die Mischung kalt ist, in eine Schüssel gießen und 1 Stunde gefrieren lassen. Mit dem Mixer oder in der Küchenmaschine glattrühren. Wieder in die Schüssel füllen und fest gefrieren lassen.

4 In Kugeln servieren und mit Kokosflocken und Minzezweigen garnieren.

Bananen-Ananas-Schnitten

CHUÔI VÀ DÚA CHIÊN NGOT

FÜR 4 PERSONEN

- **Pflanzenöl zum Fritieren**
- **4 Bananen, geschält, der Länge nach halbiert**
- **4 Ananasringe, frisch oder aus der Dose, auf Küchenpapier abgetropft**
- **Puderzucker, gesiebt**

TEIG

- **50 g Mehl mit Backpulverzusatz**
- **150 g Mehl**
- **½ TL Backpulver**
- **2 EL Pflanzenöl**
- **Salz**
- **1 Eiweiß, steifgeschlagen**

1 Für den Teig Mehl, Backpulver, Salz und Öl in einer großen Rührschüssel mischen. Soviel Wasser angießen, daß ein geschmeidiger Teig entsteht. Eiweiß nach und nach unterheben.

2 Im Wok Öl zum Fritieren erhitzen. Früchte in den Teig tauchen und ins siedende Öl geben und ausbacken, bis der Teig aufgegangen und goldbraun ist (nicht mehr Früchte auf einmal hineingeben, als nebeneinander schwimmen können). Das dauert etwa 2 Minuten.

3 Die fertigen Schnitten auf Küchenpapier abtropfen lassen, mit gesiebtem Puderzucker bestäuben. Heiß servieren.

Einer der wunderschönen, ruhigen Wasserwege Südvietnams.

Mango-Eiscreme

KEM XOÀI

FÜR 4 PERSONEN

- **4 reife Mangos oder 100 g Mangoscheiben aus der Dose**
- **225 g Zucker (100 g Zucker bei Verwendung von Dosenfrüchten)**
- **1 El Zitronensaft**
- **1 EL Gelatine, in 3 EL Wasser aufgelöst**
- **350 ml Creme double, steifgeschlagen**

ZUM GARNIEREN

- **zusätzliche Mangoscheiben**
- **frische Minzezweige**

1 Mangos schälen, Steine entfernen und klein schneiden. Mit Zucker, Zitronensaft und aufgelöster Gelatine in eine Schüssel geben. Gut verrühren; der Zucker muß sich vollständig aufgelöst haben.

2 Geschlagene Creme double unter die Mangomischung heben. Auf ein Metalltablett gießen und in den Gefrierschrank stellen, bis die Mischung halb gefroren ist. Herausnehmen, mit dem Mixer geschmeidig rühren. Wieder auf das Tablett gießen und fest gefrieren lassen.

3 Eiskugeln beim Servieren mit frischen Mangoscheiben und Minzezweigen garnieren.

Mango-Eiscreme ≫

Ingwerüberraschung

BÁNH GÙNG DĂC BIÊT

FÜR 4 PERSONEN

- **25 g Ingwerwurzel, zerdrückt**
- **225 g Zucker**
- **350 ml heißes Wasser**

FÜLLUNG

- **50 g getrocknete gelbe Mungbohnen, 30 Minuten in warmem Wasser eingeweicht und abgetropft**
- **20 g Zucker**
- **4 EL Sesamsaat**

TEIG

- **225 g Klebreismehl oder normales Mehl**
- **175 ml kochendes Wasser**

1 Für den Ingwersirup Ingwer und Zucker in einem kleinen Topf bei schwacher Hitze schwenken, bis der Zucker braun wird. Wenn er anfängt zu rauchen, heißes Wasser angießen (Vorsicht, Verbrennungsgefahr!). 3 Minuten kochen lassen, bis der Zucker aufgelöst ist. Kühl stellen. Wenn die Mischung abgekühlt ist, Ingwer wegwerfen.

2 Für die Füllung die Mungbohnen bei starker Hitze 20 Minuten dämpfen. Mit dem Mixer oder in der Küchenmaschine mit dem Zucker zu einer feinen Masse verarbeiten. Im Kühlschrank 20 Minuten fest werden lassen.

3 Sesamsaat im Wok 2 Minuten trocken rösten. 2 EL zum Garnieren zurückbehalten, Rest in die Küchenmaschine geben und zu einer Paste verarbeiten. Mit der Mungbohnenpaste mischen und sorgfältig glattrühren. Aus der Mischung 16 kleine Kugeln formen (je Kugel 1 TL Paste). Beiseite stellen.

4 Klebreismehl in eine Rührschüssel geben und rasch mit dem kochenden Wasser zu einem klebrigen Teig verrühren. Zugedeckt 5 Minuten ruhen lassen. Arbeitsfläche mit Mehl bestäuben und Teig 3 Minuten kneten, bis er weich und glatt ist. In zwei gleich große Teile teilen. Jeden zu einer Rolle von 1 cm Durchmesser und 25 cm Länge formen. Jede Rolle in 10 gleich große Portionen schneiden; jede Portion zu einer Kugel formen. Mit einem feuchten Tuch bedecken.

5 Teigkugeln eine nach der anderen zu Scheiben von 6 cm Durchmesser flachdrücken. Eine Mungbohnenkugel in die Mitte drücken, den Rand hochklappen und zudrücken. Mit den Handflächen gleichmäßige Klöße formen.

6 Jede der 4 übriggebliebenen Teigkugeln noch einmal in vier Stücke teilen, abdecken und beiseite stellen.

7 Einen großen Topf mit Wasser zum Kochen bringen. Die gefüllten Klöße bei mittlerer Hitze 2 Minuten kochen. Die kleineren Klöße dazugeben und weitere 3 Minuten kochen, bis sie an die Oberfläche kommen. Abtropfen lassen.

8 Ingwersirup bei schwacher Hitze in einem großen Topf erwärmen. Klöße hineingeben und 2 Minuten köcheln lassen. Zum Abkühlen beiseite stellen.

9 In Dessertschalen oder Reisschüsseln je vier große und vier kleine Klöße servieren. Mit der restlichen gerösteten Sesamsaat bestreuen.

Bananen in üppiger Kokossoße

CHUÔI VÓI NUÓC CÔT DÙA

FÜR 4 PERSONEN

- **350 ml Kokosmilch**
- **20 g Zucker**
- **Salz**
- **6 große Bananen, geschält und diagonal in 2 cm dicke Stücke geschnitten**
- **Eiscreme oder geschlagene Sahne zum Servieren**

1 Kokosmilch in einem kleinen Topf erhitzen. Zucker und Salz hinzufügen. Aufkochen. Hitze reduzieren und 2 Minuten köcheln lassen.

2 Vom Herd nehmen und die Bananenstücke einrühren. Für wenige Sekunden noch einmal zum Kochen bringen, damit die Bananen ringsherum von der Kokosmilch bedeckt sind. Mit Eiscreme oder Schlagsahne servieren.

Register